Lavallée

GUIDE DES FAMILLES

PARIS. — IMP. V. GOUPY, RUE GARANCIÈRE, 5.

GUIDE
DES FAMILLES

POUR LE RÈGLEMENT

DES

CÉRÉMONIES RELIGIEUSES ET DES POMPES FUNÈBRES

DES SÉPULTURES DE LA VILLE DE PARIS

ET

ESSAI SUR LES POMPES FUNÈBRES

EN USAGE CHEZ LES PRINCIPAUX PEUPLES DE LA TERRE DANS L'ANTIQUITÉ ET DE NOS JOURS

PAR

F. CÉSAIRE CASTEAU

Ancien avocat à la Cour impériale de Paris, voyageur en Orient.

PARIS

CHEZ Mme H. DURAND, ÉDITEUR DE L'OUVRAGE EN PUBLICATION

RUE DE L'OUEST, 20

ET CHEZ M. MORIN, LIBRAIRE

RUE DES SAINTS-PÈRES, 33

1867

On a inséré à la fin de ce travail, le texte officiel du cahier des charges de
l'entreprise de ce service public, et celui des tarifs des droits et frais
à payer pour le service et la pompe des sépultures dans la ville de Paris,
homologués par décret impérial du 4 novembre 1859, avec des annota-
tions sur chaque classe pour l'instruction et la commodité des familles.

INTRODUCTION

Voici, chers lecteurs, ce qui m'a engagé à entreprendre l'ouvrage que j'ai l'honneur de vous offrir aujourd'hui. Ayant appris et m'étant convaincu par moi-même que de graves abus s'étaient introduits dans le service des Pompes funèbres de la ville de Paris, et que des familles peu aisées, désirant pourtant faire procéder convenablement aux funérailles de leurs parents, étaient obligées de payer des frais assez élevés pour des fournitures illégales et non comprises aux tarifs, j'ai pensé rendre un service et être agréable au public en lui offrant un guide pour ces sortes de cérémonies, au moyen duquel les familles pourront chez elles et avant d'aller à la mairie se rendre un compte exact jusqu'à un denier près des dépenses obligatoires qu'elles sont tenues de faire dans les diverses classes du service extraordinaire des inhumations.

Ainsi les familles ne seront plus exposées à subir des frais exagérés, ou du moins si les agents de l'entreprise de ce service public voulaient les leur imposer, leur guide à la main, elles n'auraient qu'à s'adresser à l'autorité municipale et justice leur serait immédiatement rendue.

Parmi les nombreux abus qui se sont introduits dans ce service, je signalerai en première ligne la coutume de comprendre au nombre des fournitures de la classe qu'on demande un objet auquel l'entreprise a donné le nom de *mixture* et qui n'est pas énoncé aux tarifs.

Cependant l'article 38 du Cahier des charges fait la défense la plus formelle à l'entrepreneur de ce service, d'introduire et d'employer, sous quelque forme et quelque dénomination que ce soit, d'autres objets que ceux qui sont énoncés et compris aux tarifs, et, pour que l'entrepreneur pût employer des objets non compris aux tarifs, il faudrait que la famille en demandât l'autorisation à M. le Préfet de la Seine ; que ce fonctionnaire, en la donnant, fît en même temps le tarif et le prix de ces fournitures extraordinaires ; ce qui n'a jamais lieu, du moins pour la mixture.

Cette matière illégalement introduite dans le service des Pompes funèbres est tout simplement de la sciure de bois colorée et l'entreprise fait payer cette fourniture deux et trois francs, sept et treize francs suivant l'âge des personnes et la classe.

Si on calculait à combien s'élèvent les sommes perçues

par l'entreprise du service des Pompes funèbres pour cet article seulement, depuis l'année 1860, époque à laquelle cette fourniture a été généralisée, on serait étonné d'apprendre, même en les évaluant approximativement, qu'elles se montent à plusieurs millions de francs.

Il est à regretter que, dans une matière si grave, qui intéresse la religion et la morale, l'exploitation d'un service public de cette nature soit livrée à la convoitise d'une entreprise commerciale.

Cependant je suis bien loin de faire remonter les abus qui se sont introduits dans ce service à l'autorité supérieure ; je me plais, au contraire, à lui adresser mes plus sincères félicitations sur la haute intelligence et la profonde sagesse qu'elle a déployées dans la rédaction du cahier des charges, où tous les intérêts en présence sont judicieusement pondérés et sauvegardés.

Car, pour garantir à l'administration et au public l'exacte observation des tarifs annexés au Cahier des charges, un contrôle sérieux a été établi à tous les degrés du service et si l'exploitation pèche de quelque côté, ce n'est pas la faute de l'administration supérieure ; en effet, ce contrôle est confié à un inspecteur, chef du service, à un sous-inspecteur, et à cinquante-deux ordonnateurs des convois. En outre les agents de l'entreprise sont encore mis sous la surveillance des maires des arrondissements de Paris.

Le Cahier des charges de ce service est vraiment un chef-d'œuvre du genre, comme le sont d'ailleurs tous les actes d'administration qui émanent de la préfecture de la Seine. Cependant, à la vue des graves et nombreux abus que je viens de signaler, j'ai cru devoir entreprendre ce livre, dans l'intérêt des familles, pour les mettre en garde contre ces abus et les soustraire aux dépenses qui peuvent leur être illégalement imposées, et dans l'intérêt de l'administration supérieure qui, pour garantir la rigoureuse observation des tarifs, a pris toutes les mesures dictées par la prudence humaine et qui entend qu'ils soient religieusement observés.

Je pense donc rendre un service sérieux au public, en mettant les familles en mesure de connaître d'avance les dépenses obligatoires qu'elles sont tenues de faire dans les cérémonies funèbres, et à l'administration supérieure, en concourant par mes faibles lumières à rappeler l'entreprise du service des Pompes funèbres à la stricte observation des tarifs qui lui ont été imposés et qu'elle a librement acceptés.

Je ne m'étendrai pas davantage sur les nombreux abus qui se sont introduits dans le service des Pompes funèbres ; j'y reviendrai plus longuement dans la suite de ce travail.

Ces observations faites, je dois dire qu'il n'y a pas de ville au monde où ce service soit mieux entendu et mieux organisé qu'à Paris et où les cérémonies funèbres se fassent avec plus de convenance et de dignité.

J'ai assisté dans mes voyages à bien des cérémonies funèbres, mais je n'ai vu nulle part ces sortes de cérémonies faites avec autant d'ordre et de respect qu'à Paris.

J'ai cru devoir pour votre instruction, chers lecteurs, comme aussi pour votre curiosité, donner ici un aperçu succinct des cérémonies Funèbres en usage chez les principaux peuples de la terre, dans l'antiquité et de nos jours. On trouve toujours quelques leçons utiles et profitables à s'instruire des mœurs et des usages des peuples étrangers, et j'ai pensé que ces récits auraient aussi quelque intérêt pour vous.

Voilà, chers lecteurs, un aperçu sommaire du travail que je viens vous offrir ; je n'ai eu d'autre but, en le faisant, que celui de vous être utile et de vous instruire en même temps : puissent mes vœux être accomplis et je serai satisfait.

Paris, le 1er novembre 1859.

CASTEAU.

I

DES POMPES FUNÈBRES CHEZ LES NATIONS CHRÉTIENNES EN
GÉNÉRAL ET CHEZ LES FRANÇAIS, EN PARTICULIER, SOUS
L'ANCIENNE DYNASTIE ET DE NOS JOURS.

Les pompes funèbres sont intimement liées dans tous les
pays aux religions qui y sont suivies ; mais c'est la religion
chrétienne qui a, donné à ces sortes de cérémonies, l'aspect
le plus imposant et le plus solennel qui ait jamais frappé l'i-
magination humaine et les yeux des mortels ; et c'est surtout
dans les deux derniers siècles que ces solennités ont eu le
plus d'éclat, et ce qui, devant ce cercueil muet, devant ces
riches tentures et ces colonnes qui semblaient porter jusqu'au
ciel la vanité humaine, frappait le plus l'imagination, c'était
surtout les oraisons funèbres dont elles étaient suivies.

Quel spectacle plus imposant pour les yeux et pour les
cœurs qu'un orateur discourant, du haut de la chaire chrétienne, en présence d'un sépulcre rehaussé de tous les insignes de la grandeur humaine, sur la mort qui nous enve-
loppe tous et sur le terme fatal qui termine notre existence.

Nous avons hérité de ces solennités, de la littérature la

plus majestueuse qui fût jamais et qui sera éternellement l'une des gloires les plus indélébiles de la France, et quand nous lisons les discours prononcés dans ces solennités de l'époque, nous croyons entendre encore Bossuet disant aux princes de la terre : « Celui qui règne dans les cieux et de qui relèvent tous les empires, à qui seul appartient la gloire, la majesté et l'indépendance, est aussi le seul qui se glorifie de faire la loi aux rois et de leur donner, quand il lui plaît, de grandes et de terribles leçons ; soit qu'il élève les trônes, soit qu'il les abaisse ; soit qu'il communique sa puissance aux princes, soit qu'il la retire à lui-même et ne leur laisse que leur propre faiblesse, il leur apprend leurs devoirs d'une manière souveraine et digne de lui ; car, en leur communiquant sa puissance, il leur commande d'en user, comme il fait lui-même, pour le bien du monde ; et il leur fait voir en la retirant que toute leur majesté est empruntée et que, pour être assis sur le trône, ils n'en sont pas moins sous sa main et sous son autorité puissante. »

Quel magnifique langage ! quelles leçons données aux grands de la terre en face de la mort et du néant des grandeurs humaines ! Il est infiniment regrettable que ces discours qui donnaient tant de majesté à ces cérémonies funèbres soient tombés en désuétude et n'aient plus lieu aujourd'hui, car les orateurs chrétiens profitaient de ces conjonctures pour donner aux princes des leçons qu'ils n'auraient pas pu leur faire en toute autre circonstance, et les paroles que je viens de citer, qui sont vraies en tout temps, le sont surtout de nos jours où nous voyons tant de princes chanceler sur le trône et tomber.

Cependant, à une époque plus rapprochée de nous, un

autre orateur d'un caractère d'ailleurs bien différent, prononçait encore un éloge funèbre qui mérite d'être cité : « Hommes généreux, s'écriait Chénier sur la tombe des victimes du 10 août 1792, hommes généreux morts pour la liberté dans cette journée mémorable ; vous avez été presque tous moissonnés dans la fleur de votre jeunesse! La nature vous devait des années plus nombreuses, et vous deviez être plus longtemps les soutiens de la France, notre mère commune. Mais, si vous avez trop peu vécu pour elle, vous avez assez vécu pour la gloire ; votre souvenir ne périra point ; vos enfants seront des héros comme leurs pères. Tant que nos belles contrées enfanteront des hommes libres et braves, vous leur servirez de modèles ; et la postérité reconnaissante vous proclamera les conquérants de l'égalité, les libérateurs de la patrie! »

Ces discours rehaussaient infiniment ces cérémonies funèbres, excitaient les spectateurs à honorer et à pratiquer les vertus ; léguaient à la postérité la mémoire des hommes recommandables, et étaient eux-mêmes une gloire pour le pays. Il est donc malheureux que l'usage de ces sortes de discours ait disparu.

Mais du moins, nous avons conservé les pompes funèbres extérieures et la bonne ordonnance qui y a toujours présidé La réglementation de ce service est parfaite et admirable sous tous les rapports ; l'organisation administrative ne laisse rien à désirer ; tous les services sont convenablement distribués ; le travail de chaque agent lui est ponctuellement assigné ; tout est à sa place et on ne peut, dans une matière si grave, trop admirer un si bel ordre. L'acte administratif du cahier des charges de ce service est un vrai modèle du genre, et il fait le plus grand honneur à l'éminent magistrat qui en est l'auteur.

Mais ce qu'il y a encore de plus remarquable, et ce qui m'a le plus frappé, c'est l'organisation du contrôle qui s'étend du sommet à la base du service, à tous les degrés de l'échelle de l'Administration des pompes funèbres; ainsi il y a un inspecteur chef du service, qui est le souverain appréciateur de tous les actes des agents, qui est l'âme, pour ainsi dire, de tout le service, qui a le contrôle de tout le personnel, qui peut punir et faire révoquer les agents, qui donne les ordres et reçoit tous les rapports, qui, en un mot, tient presque en ses mains l'existence de tout le personnel du service. Nous trouvons ensuite un sous-inspecteur pour l'aider dans son contrôle et le suppléer au besoin; viennent ensuite cinquante-deux ordonnateurs des convois, qui ont, de leur côté, l'obligation stricte de contrôler tout le matériel de leurs convois, et tous les agents qui sont sous leurs ordres, qui de plus doivent contrôler les feuilles de commande, examiner si les prix qui y sont portés, sont conformes aux tarifs; remettre des duplicata des commandes visés par eux aux fabriques des églises, pour recevoir un nouveau contrôle. Assurément, l'administration supérieure ne pouvait s'entourer de plus de garanties pour assurer l'exacte observation du cahier des charges et des tarifs.

Et cependant le service des Pompes funèbres a soulevé beaucoup de plaintes de la part des familles et même du clergé. Quelles peuvent être les causes de ces plaintes ? Ici, je ne saurais prendre sur moi de les rechercher; je ne connais et n'ai jamais vu aucun agent de cette administration ;

je ne suis pas en mesure d'apprécier ces plaintes ; je me contenterai donc d'en faire connaître quelques-unes.

Il y a des plaintes contre les porteurs, à cause de leurs sollicitations importunes auprès des familles, pour se faire donner des gratifications, et ces sollicitations étaient devenues si fatigantes et si désagréables que des familles ont eu recours à la publicité pour s'en délivrer. Pourquoi cette tolérance de la part des préposés de ce service ? C'est ce que je ne puis m'expliquer ; car l'article 25 du cahier des charges et l'article 44 du règlement défendent expressément aux porteurs et à tous les autres agents du service de solliciter ou de recevoir des gratifications ; l'infractio n à cette défense, portent ces articles, sera toujours punie de la révocation. Pour faire cesser ces importunités, il n'y a donc qu'à tenir la main ferme à la stricte observation de ces dispositions.

Une autre plainte a été aussi souvent formulée contre le service des Pompes funèbres pour cause d'une fourniture appelée mixture, qui est imposée aux familles comme comprise dans la classe qu'elles demandent.

Ici encore, je ferai remarquer que toutes les fournitures, dont l'emploi est autorisé par le Cahier des charges dans le service et les cérémonies des Pompes funèbres, sont énoncées et comprises dans les tarifs ; et que l'article 38 du Cahier des charges défend de la manière la plus expresse à l'entrepreneur du service d'introduire et d'employer sous quelque forme et quelque dénomination que ce soit, aucun autre objet que ceux qui sont énoncés dans les tarifs, ainsi que de porter le nombre de ceux-ci au delà de celui qui y est déterminé.

Or, cet objet décoré du nom de mixture n'est pas énoncé aux tarifs; en conséquence l'illégalité de cette fourniture est flagrante. Cependant, depuis l'année 1860, cette fourniture a été généralement imposée dans tous les services, et l'entreprise s'est fait payer pour cet article des sommes importantes qui certainement s'élèvent à des chiffres très-élevés.

Pour qu'un objet non énoncé aux tarifs pût être introduit et employé dans le service des Pompes funèbres, il faudrait pour chaque cas, que la famille demandât par écrit au préfet de la Seine l'autorisation d'en faire emploi, et que ce fonctionnaire, en donnant cette autorisation, en fît lui-même la taxe. Or, c'est ce qui n'a jamais eu lieu. Jamais personne n'a connu une taxe officielle de cette matière appelée mixture. C'est donc évidemment un article de fourniture illégalement introduit par l'entrepreneur dans son service pour se créer, presque sans frais, un bénéfice plus considérable.

Voilà un article de fourniture qui a donné lieu à beaucoup de plaintes à cause du surcroît de dépenses imposées aux familles.

Car bien peu de familles connaissent le Cahier des charges et les tarifs, et, croyant en général que cette fourniture est comprise parmi celles désignées pour la classe qu'elles demandent, elles sont forcées de la subir.

D'un autre côté, aux termes de l'article 38 du Cahier des charges, les objets non compris aux tarifs, dont l'emploi est autorisé par M. le préfet de la Seine, sont assujétis à la remise qui est dévolue aux Fabriques des paroisses : cependant des membres du clergé faisant fonction de trésoriers des Fabriques ont attesté que les Fabriques n'ont jamais reçu aucun rapport de cet article de fourniture. De là, sont venus l'étonnement et les murmures de quelques membres du clergé.

Bien plus, aux termes du même article, lorsqu'une fourniture illégale aura été introduite dans un service, l'entrepreneur sera tenu de payer immédiatement aux Fabriques et Consistoires, à titre de dommages-intérêts, le montant intégral des fournitures faites en contravention à cet article ; ainsi, dans le cas actuel de la fourniture illégale de la matière appelée mixture dans le service des Pompes funèbres, ce ne serait pas seulement la remise ordinaire, qui reviendrait de droit aux Fabriques et aux Consistoires, mais le montant intégral du prix porté aux duplicata, et si on faisait le relevé des fournitures de cette matière depuis l'année 1860, époque où l'emploi de la mixture a été généralement fait dans tous les services, on serait surpris des sommes considérables qui reviendraient, pour cet article seulement, aux Fabriques des paroisses.

Je pourrais relever encore de nombreuses contraventions aux diverses clauses du Cahier des charges de l'entreprise des Pompes funèbres de Paris ; mais celle de la mixture est la plus grave de toutes, puisqu'elle impose aux familles, visitées par la mort, des sacrifices d'argent assez considérables, sacrifices qui leur sont arbitrairement imposés et qui sont une grande charge pour l'immense majorité.

Je n'insisterai donc pas sur les autres contraventions, pour ne pas fatiguer mes lecteurs ; je ferai seulement remarquer qu'en général elles ont toutes pour causes l'ambition et la soif de l'argent.

Mais, pour empêcher que les familles continuent d'être victimes de l'entreprise des Pompes funèbres, j'ai cru devoir ajouter à ce travail le texte officiel du Cahier des charges,, à cause de la partie qui traite spécialement des charges de l'entreprise, relatives au service extraordinaire, ou en d'autres termes des charges de l'entreprise envers les familles, et le texte officiel des tarifs qui y sont annexés.

Par ce moyen, les familles pourront arrêter elles-mêmes chez elles le chiffre exact des frais qu'elles auront à payer, d'après la classe qu'il leur plaira de choisir, se consulter dans leurs maisons, débattre la quotité de la somme qu'elles peuvent dépenser, enfin prendre une décision réfléchie sur cet objet important avant de se transporter à la Mairie pour commander le service et la pompe funèbre de la sépulture de leurs parents décédés, et si, à la Mairie, sur la demande d'une classe convenue par la famille, le préposé de l'entreprise pour recevoir les commandes, se contente de répondre, sans donner aucune explication : cette classe coûte tant, en y comprenant mentalement une fourniture illégale de mixture, de 7 ou de 13 francs, le représentant de la famille pourra discuter et débattre le prix du convoi qu'il est chargé de réclamer en parfaite connaissance de cause, et ne laissera plus exploiter son ignorance, comme cela arrive tous les jours.

Car, je ne saurais trop le répéter, le public et les familles n'ont généralement aucune connaissance du Cahier des charges et des tarifs imposés par l'administration à l'entrepreneur du service, et librement acceptés par lui, et c'est cette ignorance qui livre, pour ainsi dire, les familles à la discrétion de l'entrepreneur et de ses agents ; aussi, dès l'année 1806, on avait déjà senti qu'il était utile de ne point abandonner les familles à leur propre ignorance et qu'il fallait que l'autorité publique, par une tutélaire prévision, fixât elle-même, selon les temps et les lieux, des combinaisons qui répondissent toujours aux désirs et aux moyens pécuniaires des familles, soit qu'elles entendissent déployer un certain luxe, soit qu'elles voulussent se restreindre dans la dépense la plus minime.

Ce qui frappe d'abord, lorsqu'on se livre à un examen approfondi des tarifs, c'est le soin pris, les efforts tentés à différentes époques pour assurer la liberté des familles et protéger leurs intérêts. D'abord, on voit, par un *nota* placé en tête du Cahier des charges et qui est reproduit sur toutes les feuilles de commande, que les familles peuvent retrancher les objets qu'il leur plairait de retrancher. En outre, les classes sont totalisées, et il semble que l'on puisse juger d'un coup d'œil la dépense progressive qu'impose chaque classe. Mais le résultat est loin de répondre à la pensée, et l'on voit que les personnes bien intentionnées, qui ont pris part à la préparation du tarif, n'ont point réussi à atteindre le but qu'elles se proposaient.

Cependant, pour mieux garantir à l'administration et aux familles l'exacte observation des tarifs, l'entrepreneur est tenu, aux termes de l'article 35 du Cahier des charges, de remettre aux ordonnateurs chargés des convois, un duplicata des feuilles de commande et ces fonctionnaires sont tenus par leur règlement d'exercer un contrôle rigoureux sur chacune d'elles. Si, par leur inspection, ils découvrent quelque infraction aux clauses du Cahier des charges ou aux tarifs, ils sont tenus de les signaler immédiatement à l'autorité supérieure par un rapport bien circonstancié. Ces fonctionnaires sont au nombre de cinquante-deux, et cependant, malgré un personnel si nombreux de personnes chargées du contrôle des commandes, non-seulement les abus se sont perpétués, mais ils se sont même aggravés.

Car, comment se fait-il qu'au mépris de l'article 38 du Cahier des charges, qui défend de la manière la plus expresse à l'entrepreneur d'introduire et d'employer, pendant la durée de son bail, sous quelque forme et quelque dénomination que ce soit, dans le service des Pompes funèbres et des cérémonies qui s'y rattachent, aucun autre objet que ceux qui sont énoncés aux tarifs, qu'en face d'une prescription si formelle, l'entrepreneur de ce service ait osé et pu introduire et employer, dans les inhumations, un objet qui n'est pas énoncé dans les tarifs, une matière qu'il a décorée du nom de mixture et qu'il fait payer aux familles la somme de 13 francs quand le prix de revient est à peu près nul ? C'est ce que je ne peux m'expliquer.

Comment se fait-il encore qu'au mépris de ce même article, l'entrepreneur du service ne tienne aucun compte de cette fourniture aux Fabriques et aux Consistoires et que ces établissements soient privés de la remise qui leur revient sur cet article ?

C'est une question à laquelle je ne pourrais répondre pertinemment ; je me contente donc de poser le fait qui m'a été attesté par des personnes honorables, laissant à chacun à en tirer les inductions qu'il lui plaira.

De tous ces faits, il résulte que de nombreux et graves abus se sont introduits dans le service des Pompes funèbres et que ces abus grèvent lourdement les familles parisiennes.

C'est donc leur rendre un service sérieux que de leur fournir les moyens de s'y soustraire et de ne plus laisser exploiter leur douleur.

Il est nécessaire et utile de donner ici quelques courtes explications sur les tarifs et leurs divisions. Le service extra-ordinaire des Pompes funèbres est précédé d'un *nota* qui fait connaître aux familles l'économie du tarif des neuf classes et les facultés qu'elles ont, dans chacune des classes, de retrancher, à leur convenance, une partie des objets qui y sont énoncés, ou d'y faire ajouter, à leur choix, ceux des articles du tarif supplémentaire qu'elles désireraient y voir figurer.

Le tarif extraordinaire, dans les neuf classes, se divise en deux sections, celle des cérémonies religieuses et celle du service par l'entreprise. Ces deux sections sont indépendantes l'une de l'autre; les familles ne sont donc pas obligées de les demander simultanément ni de prendre la même classe pour les deux sections; chaque section comprend, d'une part le tarif de la classe, d'autre part le tarif des objets supplémentaires spéciaux à la classe; le tarif de la classe se divise en deux ordres ou colonnes pour chacune des sept premières classes. Ce tarif est fixe et indivisible pour les deux paragraphes formant la première section (celle des cérémonies religieuses); les familles ne peuvent que refuser la section entière, ou choisir entre la colonne n° 1 et la colonne n° 2.

Pour la deuxième section (celle du service par l'entreprise), les familles peuvent rejeter en entier, mais seulement par ensemble, les divisions ou paragraphes qui composent la section entière, à l'exception toutefois du cortége et du cata-falque, s'il y avait service religieux à l'église ou au temple.

Elles peuvent choisir à leur gré entre les divisions ou paragraphes de la colonne n° 1 et ceux de la colonne n° 2. Mais elles ne peuvent retrancher isolément aucun des objets qui composent chaque division ou paragraphe. Dans aucun cas elles n'ont la faculté de prendre, ni dans les classes supérieures ni dans les classes inférieures, aucun des objets qui y sont inscrits.

A l'égard du tarif des objets supplémentaires spéciaux, les familles peuvent, par addition, choisir dans la classe adoptée par elles, tels des objets qu'elles jugeront à propos de demander.

Les demandes auxquelles, par suite d'insuffisance du personnel ou autrement, il ne pourrait être satisfait complétement, donneront lieu, sur le montant de la classe, à la réduction du prix pour lequel est portée au tarif chaque partie du service non effectué. Toute quittance émanant, soit de l'église, soit de l'entrepreneur, devra être donnée sur une formule imprimée reproduisant la classe qui aura été demandée.

Je pense que cette courte explication suffit pour comprendre tout le mécanisme du tarif et que les familles pourront, notre Guide en main, se concerter ensemble et arrêter d'un commun accord le montant des frais qu'elles auront à dépenser pour les pompes funèbres de leurs parents ou amis.

Par ce moyen elles pourront éviter les embûches qui pourraient leur être tendues par les agents de l'entreprise des Pompes funèbres, et opérer, pour ce service, des économies qui seront mieux employées ailleurs.

Comme je l'ai dit plus haut, c'est l'ignorance qui nous rend victimes des exploiteurs; combattons donc l'ignorance, instruisons-nous par nous-mêmes et mettons-nous à l'abri de toute surprise et de tout ce qui peut léser nos intérêts.

Terminons ce chapitre par signaler encore quelques abus qui se commettent journellement dans le service des Pompes funèbres de Paris. Les articles 25 du Cahier des charges et 44 du Règlement défendent impérieusement aux agents de l'entreprise, et plus particulièrement aux porteurs, de demander aux familles des pourboires et des gratifications. L'infraction à ces prescriptions, portent ces articles, sera toujours punie de la révocation. Malgré une défense si impérieuse, les porteurs étaient devenus si importuns, les plaintes si nombreuses, qu'il a fallu l'intervention du ministre de l'intérieur pour mettre des bornes à ce scandale et rappeler l'inspection à plus de surveillance.

L'article 19 du Cahier des charges porte que les hommes de deuil porteront l'habit noir à la française, le pantalon et le gilet noir, le chapeau rond entouré d'un crêpe et les gants noirs. Au lieu de remplir ponctuellement les prescriptions de cet article, l'entreprise des Pompes funèbres fait souvent remplir les fonctions d'hommes de deuil à des porteurs vêtus de leurs costumes officiels en drap gris foncé et revêtus de leurs plaques. Cependant les hommes de deuil sont fournis, d'après le tarif, au prix de 8 francs; les porteurs attachés à l'entreprise n'étant payés, que 2 francs 50 centimes, c'est un gain pour l'entreprise de toute la différence.

Je m'arrête ici, parce qu'il serait trop long et trop fastidieux de relever tous les abus qui ont lieu dans ce service public. Notre travail fournit aux familles les moyens nécessaires pour les prévenir et les éviter.

Et, pour en finir sur ce sujet, je terminerai par cette

observation, c'est que le Cahier des charges et les tarifs y annexés ont tracé à l'entrepreneur du service un cercle nfranchissable, un cercle qu'il ne saurait outre-passer sans se rendre coupable de faits sévèrement qualifiés par la loi et justiciables des tribunaux ordinaires. (Article 38 du cahier des charges.)

Je quitte cette matière et nous allons passer maintenant à un autre ordre d'idées; je vais esquisser le tableau de scènes imposantes, de solennités qui impressionnent vivement l'âme, qui l'émeuvent au suprême degré et qui laissent des traces profondes qui ennoblissent l'humanité, élèvent l'homme au-dessus de lui-même, étouffent les mauvaises passions, et lui inspirent des sentiments de vertu qui ne le quitteront plus.

II

DES POMPES FUNÈBRES CHEZ LES ANCIENS GRECS.

Les nations civilisées de notre époque, et principalement les Français, ont hérité des anciens Grecs de presque tous les arts qui font aujourd'hui leur illustration et leur gloire. Littérature, science, beaux-arts, tout nous vient pour ainsi dire de cette illustre nation. Ce n'est pas ici le lieu de m'étendre sur ce sujet ; j'entre immédiatement dans l'étude du sujet que j'ai entrepris de traiter et je vais tâcher d'esquisser d'après mes faibles forces, un côté des mœurs de ce peuple célèbre, le tableau des pompes funèbres usitées dans la Grèce et des scènes solennelles dont ces cérémonies étaient accompagnées.

Des jeux gymniques et équestres, des combats de chant et de poésie, un repas funèbre, une colonne avec une inscription très-simple, honoraient la mémoire des défenseurs de la patrie. Un historien de l'époque nous présente ainsi les traits principaux de la scène imposante et lugubre qui animait l'éloquence dans ces cérémonies si patriotiques et si morales.

« Le même hiver, » dit cet historien, « les Athéniens, suivant l'usage du pays, firent des funérailles solennelles à ceux qui les premiers périrent dans cette guerre. Voici de quelle manière se célèbrent ces funérailles. La surveille des obsèques, l'on dresse une tente, où l'on dépose les ossements des défunts; et chacun apporte ce qu'il veut en offrande au mort qui l'intéresse. Dans la cérémonie du convoi, des chars portent des cercueils de cyprès, un pour chaque tribu. Les ossements des morts de chaque tribu y sont déposés. On porte aussi un lit tout préparé, mais vide, destiné aux absents dont on n'a pu retrouver les corps. Les citoyéns et les étrangers peuvent, à volonté, accompagner le convoi. Les parents aussi sont auprès du sépulcre, se lamentant. On dépose ces cercueils dans le tombeau public, situé au plus beau faubourg de la ville. C'est là qu'on inhume toujours les guerriers morts dans les combats, excepté ceux de Marathon ; comme on les a jugés d'une bravoure extraordinaire, c'est sur le champ de bataille même que l'on a érigé leur tombeau. »

L'inhumation terminée, la ville choisit un homme distingué par sa sagesse et sa dignité qui prononce sur les morts un éloge convenable; après quoi, chacun se retire. C'est ainsi que les funérailles se célébraient à Athènes.

Après la bataille de Chéronée qui porta un coup si funeste à la liberté grecque, les Athéniens décrétèrent, par une loi, des obsèques solennelles aux défenseurs de la patrie morts dans cette guerre. Les cérémonies se firent avec toute la solennité dictée par le patriotisme et la loi. L'orateur le plus éloquent de cette époque fut choisi par le peuple pour prononcer l'éloge des morts. Cet fut aussi chez lui que se fit le repas funèbre habituel. Le moment arrivé, l'orateur populaire s'avança du sépulcre sur une tribune élevée, ainsi construite pour qu'il pût être entendu par la plus grande partie de l'assemblée et il parla ainsi.

« Dès que la république, après avoir décrété des funérailles nationales pour ceux qui reposent sous cette tombe, et qui, à la guerre, furent des hommes vaillants, m'eût ordonné de prononcer sur eux le discours que demande la loi, je réfléchis aux moyens de les louer convenablement, mais les recherches, les méditations m'ont appris qu'un langage digne de ces morts est impossible. En effet, avoir dédaigné cette vie dont l'amour est inné dans tous les cœurs, avoir voulu noblement mourir plutôt que de vivre témoins des calamités de la Grèce, n'était-ce pas laisser après soi une vertu supérieure à tous les éloges ? Cependant j'espère pouvoir parler » à l'exemple des orateurs qui m'ont précédé à cette place.

L'intérêt qu'Athènes porte aux citoyens morts dans les combats, reconnaissable à d'autres preuves, l'est surtout à la loi qu'elle s'impose de choisir un orateur pour les obsèques publiques.

Sachant que les grandes âmes, pleines de mépris pour la possession des richesses et pour la jouissance des plaisirs de la vie, n'aspirent qu'à la vertu et aux louanges, elle croit devoir les honorer d'un discours, moyen le plus puissant pour leur acquérir ces biens ; et cette gloire conquise pendant qu'ils vivaient, elle veut la leur maintenir au-delà du trépas.

« Si je ne voyais dans ces guerriers d'autres mérites que celui de la valeur, je me bornerais à cet éloge ; mais, puisqu'ils reçurent en partage et une naissance distinguée, et une sage éducation et une vie toute d'honneur, je rougirais de paraître négliger un seul de leurs titres à nos légitimes hommages.

« Je commence par leur origine, dont la noblesse a été reconnue de tout temps par tous les peuples. Car, par de là son père, par de là tous ses aïeux, chacun d'eux peut faire remonter sa naissance à la commune patrie, dont le sol, d'un aveu unanime, les a enfantés. Oui, seuls entre tous les hommes, les Athéniens ont habité et transmis à leurs descendants la terre maternelle ; ainsi, d'après une juste appréciation, ceux qui émigrent dans les villes étrangères, et qui en sont appelés citoyens, ressemblent à des fils adoptifs, tandis que nous sommes, par le sang, les vrais enfants de notre patrie. C'est même chez nous que parurent les premiers fruits, nourriture de l'homme : or, je vois là, outre le plus grand bienfait pour l'humanité, une preuve irrécusable que cette contrée est la mère de nos ancêtres. En effet, par une loi de la nature, tout être qui enfante, porte en soi la nourriture du nouveau-né : phénomène réalisé pour l'Attique.

« Ainsi naquirent, de temps immémorial, les aïeux de ces guerriers ; quant à leur bravoure et à leurs autres vertus, j'hésite à tout dire, dans la crainte de passer les bornes de ce discours. Mais, pour les faits dont le souvenir a le plus d'utilité et la connaissance le plus de charmes, faits glorieux et sans longueur fatigante, tâchons de les présenter dans un court tableau.

« Les pères, les aïeux, les ancêtres les plus éloignés de la génération présente, ne commirent jamais une seule agression contre le Grec ou le barbare ; et, sans compter toutes leurs autres vertus, ils eurent en partage une grande équité. Mais, pour se défendre, ils mirent à fin mille exploits éclatants, ils

remportèrent sur l'armée des Amazones, qui fondait sur l'Attique, des victoires assez décisives pour les refouler au delà
du Phase ; ils chassèrent, et de ce pays et de la Grèce entière
les bandes débarquées d'Eumolpe et de beaucoup d'autres
chefs, contre lesquelles tous les peuples situés à l'occident
d'Athènes, n'avaient pu tenir ferme, ni élever une barrière.
Les enfants même de cet Hercule qui protégeait les mortels,
les appelèrent leurs protecteurs, alors qu'ils vinrent en cette
terre, fuyant Euristhée. A tous ces beaux faits et à une foule
d'autres, ajoutons qu'ils ne laissèrent pas outrager les droits
des morts, quand Créon défendit d'ensevelir les sept chefs
qui avaient assiégé Thèbes.

« Je supprime beaucoup d'exploits consignés dans les mythes ;
chacun de ceux que j'ai rappelés fournit une matière si brillante et si vaste, que les poëtes de l'épopée, de la tragédie,
de la lyre et la plupart des historiens en ont fait le sujet de
leurs ouvrages.

« Quant à ceux qui, sans être placés moins haut dans notre
estime, n'ont pas encore, à cause de leur date plus récente,
été ornés de fictions, ni rangés parmi les faits héroïques, je
vais les rapporter.

« Nos pères ont repoussé seuls deux fois, sur l'un et l'autre
élément, les armées accourues de l'Asie entière et sauvé, à
leurs propres périls, tous les Hellènes. Ce que j'ai à dire,
d'autres l'ont dit avant moi : n'importe ; aujourd'hui encore,
il faut donner à ces grands hommes de nobles et légitimes
éloges. Bien supérieurs aux guerriers armés contre Troie,
qui, formant l'élite de toute la Grèce, privent à peine, en
dix ans, une seule place forte d'Asie, non-seulement ils re-
poussèrent seuls les armées accourues de tout ce vaste con-

tinent et qui avaient tout renversé sur leur passage; mais ils vengèrent les maux qu'elles avaient faits aux autres Hellènes. Il y a plus : pour réprimer, au sein même de la Grèce, des ambitions rivales, ils bravèrent tous les périls suscités par le sort, se rangeant toujours du côté du bon droit, jusqu'à l'époque où le temps nous a fait naître.

« Et qu'on ne s'imagine pas que, faute de pouvoir m'étendre sur chacun de ces faits, je me sois contenté de les énumérer. Quand je serais, de tous les orateurs, le plus dépourvu d'invention, la vertu de nos ancêtres offre une foule de grands traits qui viennent eux-mêmes se placer dans le récit. Mais après avoir donné un souvenir à l'illustre origine et aux grandes actions de nos pères, je me proposais d'arriver, par le rapprochement le plus rapide, aux exploits de nos guerriers, afin de confondre dans une même gloire des hommes en qui s'était transmis le même sang, persuadé qu'il serait bien doux pour les premiers, que dis-je? pour tous également, d'établir entre eux une communauté de vertus et par leur naissance et par nos éloges.

« Ici je dois m'arrêter : avant de retracer la vie de nos guerriers, je sollicite la bienveillance de ceux qui, sans appartenir à leurs familles, ont suivi ce cortége funèbre. Chargé d'honorer ces funérailles par des magnifiques dépenses, par des joûtes de chars, par des combats d'athlètes, plus j'y aurais déployé d'ardeur et de somptuosité, mieux j'aurais paru remplir mon devoir. Mais, dans le dessein de célébrer par un discours ces citoyens, si je ne me rendais les auditeurs favorables, je craindrais d'échouer, malgré tout mon zèle. L'opulence, la force, la vitesse, tous les avantages de cette nature, suffisent pour obtenir la victoire, même en dépit de tous.

Mais le talent de la parole ne peut se passer de la bienveillance de l'auditoire. Avec elle, un discours médiocre intéresse et fait du bruit; sans elle, l'orateur le plus éloquent fatigue toujours.

'« Au moment où j'ouvre la bouche pour célébrer des guerriers dont la vie ouvre un si vaste champ au panégyrique, je ne sais par où commencer. Tout se présente à la fois, et m'impose la difficile tâche de choisir à l'instant. J'essayerai cependant de les suivre pas à pas dans leur carrière.

« Dès leurs jeunes années, jaloux de briller dans toute espèce d'instruction, ils se livrèrent aux exercices convenables à chaque degré de cet âge ; pères, amis, parents, ils charmaient tous ceux à qui les liait le devoir. Aussi, la mémoire de tous ceux qui leur étaient chers reconnaissant, pour ainsi dire, leurs traces, s'y reporte à chaque instant par l'élan du regret, et recueille mille souvenirs des vertus qu'ils avaient vues en eux. Hommes faits, ils montrèrent l'excellence de leur nature non-seulement à leurs concitoyens, mais à tous les Hellènes. Une prudence éclairée est le principe de toute vertu ; le courage en est la perfection. La première essaye et choisit la route ; la seconde nous y affermit. Ces deux qualités, ils les possédèrent au degré le plus éminent. Avant tout, ils virent l'orage qui grossissait sur la Grèce entière et ils firent plus d'un appel à tous ses peuples pour la sauver, marque certaine d'une sagesse pénétrante. Tandis qu'il était encore possible d'arrêter sans risque le fléau, les Hellènes aveugles et lâches, ou ne le voyaient pas ou affectaient de ne le pas voir ; mais dès que, devenus dociles, ils se résolurent à agir, ceux-ci, abjurant tout ressentiment, se mirent à leur tête, accoururent avec leurs soldats, leurs fortunes, leurs alliés, et, prodigues de leur vie, tentèrent les chances d'un combat.

« Il faut, quand le combat s'engage, que les uns soient vaincus, les autres vainqueurs. Mais, je n'hésite pas à dire que, des deux côtés, ceux qui meurent au champ de bataille ne sont pas compris dans la défaite, et ont tous également la victoire. Pour ceux qui survivent, l'honneur du combat se décide comme le veut la divinité ; mais ce qu'il importait de faire pour l'obtenir, tout homme mort à son rang l'a fait. Mortel, il a subi son sort, il a souffert les rigueurs de la fortune, mais son âme n'a pas connu la défaillance et, si l'ennemi a fait la faute de ne pas envahir notre territoire, c'est à la vertu de ces guerriers qu'on le doit. Après les avoir éprouvés corps à corps dans la mêlée, il ne voulut point entreprendre une lutte nouvelle contre les concitoyens de ces mêmes hommes, sentant bien qu'il allait trouver des courages semblables et qu'il n'était pas sûr de rencontrer la même fortune. Les conditions de la paix conclue alors ne sont pas la plus faible preuve de cette vérité. Non, l'on ne saurait dire que le monarque ennemi s'y soit décidé par un motif plus réel, plus glorieux pour nous ; frappé d'admiration pour la vertu de ces illustres morts, il a mieux aimé devenir l'ami de leurs compatriotes que de risquer de nouveau sa fortune entière. Demandez à ceux-là mêmes qui ont combattu nos guerriers, s'ils croient devoir leurs succès à leur propre valeur ou à un étrange, à un aveugle coup du sort et à l'audace d'un capitaine expérimenté : aucun d'eux aura-t-il la hardiesse de s'attribuer l'honneur de cette journée ? D'ailleurs, dans un événement dont le résultat a été réglé au gré de la fortune, cette universelle souveraine, force est d'absoudre du reproche de lâcheté leurs adversaires, qui n'étaient que des hommes. Que si le général ennemi a fait plier l'aile qui lui était opposée, on ne pourrait l'attribuer ni aux Macédoniens ni aux Athéniens. La faute en est à ces mêmes Thébains rangés devant son front de bataille. Soutenus par des guerriers au cœur invincible, par des guerriers incapables de reculer et rivaux de gloire, ils n'ont pas su profiter de tant d'avantages.

« Sur le reste, les opinions peuvent être partagées ; mais il est un fait d'une évidence frappante pour tous les esprits : c'est que l'indépendance de la Grèce entière avait sa sauvegarde dans le cœur de nos braves. Car, dès que le destin les eût enlevés, toute résistance cessa. Puissé-je ne pas éveiller l'envie, en disant que leur valeur était l'âme de la Grèce ! Car c'est, à mon sens, rendre hommage à la vérité. Oui, le même instant a vu s'éteindre et le souffle qui les animait et l'honneur de la commune patrie ; ajoutons, dût notre langage paraître exagéré, que, comme le soleil ne pourrait retirer aux hommes sa lumière sans répandre sur le reste de leurs jours la douleur et la tristesse, ainsi, depuis que ces guerriers ne sont plus, de honteuses ténèbres enveloppent l'antique gloire des Hellènes.

« Parmi les causes multipliées qui ont élevé si haut leur vertu, ne plaçons pas au dernier rang notre constitution politique. L'oligarchie peut bien inspirer la crainte, mais elle ne met pas dans les âmes l'horreur d'une bassesse. Aussi, à la guerre l'instant du combat arrivé, chacun se livre au soin de sauver ses jours, certain que si, par des présents, par d'obséquieuses démarches, il apaise ses maîtres, fût-il devenu le plus vil des hommes, il en sera quitte pour un peu de honte à l'avenir. Mais dans une démocratie, un de ces nobles titres, un de ces

droits nombreux auxquels l'homme de cœur doit s'attacher
fermement, c'est la liberté de publier la vérité sans obstacles.
Le moyen de séduire tout un peuple, quand on a commis
une lâcheté? On est humilié par celui qui rapporte l'igno-
minieuse vérité, humilié par le plaisir qu'éprouvent ceux qui
l'écoutent en silence. Redoutant cet affront inévitable, tous
les citoyens soutiennent avec vigueur les périls de la guerre
et préfèrent une mort glorieuse à une vie déshonorée.

« Voilà les motifs généraux qui ont porté nos concitoyens à
désirer un noble trépas : naissance, éducation, habitudes gé-
néreuses, principes de gouvernement. Mais dans chaque tribu,
des causes particulières ont donné à leurs âmes cette forte
trempe ; je vais les exposer.

« Tous les Erechtéides savaient que cet Erechtée dont ils
tirent leurs noms avait, pour sauver son pays abandonné les
Hyacinthides à une mort certaine. Lors donc qu'un fils des
dieux avait tout sacrifié à la délivrance de sa patrie, ils auraient rougi de paraître mettre à un plus haut prix un corps
mortel qu'une impérissable renommée. N'ignorant pas que
Thésée, fils d'Égée, avait le premier établi dans Athènes l'é-
galité civique, les Egéides se seraient fait un crime de trahir
les principes de ce grand homme ; et ils ont mieux aimé
mourir que de leur survivre à la face de la Grèce, par un
lâche attachement à la terre. La tradition avait appris aux
Pandionides quelle vengeance Procné et Philomèle tirèrent
des outrages de Térée : unis par le sang à ces filles de Pan-
dion, la mort leur eût semblé un devoir, s'ils n'avaient déployé
le même courroux contre les oppresseurs de la Grèce. On avait
dit aux Léontides : « les Léocores, célèbres dans la fable,
s'offrirent au couteau sacré pour sauver la patrie ; » et à la

pensée du mâle courage de ces jeunes filles, des hommes se seraient crus coupables s'ils ne les eussent égalées. Les Acamantides se rappelaient ces vers où Homère dit qu'Acamas se rendit à Troie par tendresse pour Ethra, dont il tenait le jour ; ainsi ce héros brava tous les périls pour délivrer sa mère ; et ses descendants, alors qu'il fallait protéger tous leurs parents, tous leurs amis, auraient reculé devant le danger! Les Ænéides n'oublièrent point que Sémélé, née de Cadmus, eut pour fils un dieu qu'il ne convient pas de nommer dans ces funérailles et que ce dieu était père d'Énée, premier auteur de leur race. A la vue du péril qui pressait également les deux républiques, la lutte la plus sanglante fut pour eux une dette à payer. Le chef des Cécropides, fut, dit-on, moitié homme moitié serpent, sans doute parce que, à la force du dragon, il unissait toute la sagesse d'un mortel : de là, les deux grandes qualités qu'il appartenait surtout à cette tribu de faire revivre. Les Hippothoontides se souvenaient de l'hymen d'Alopé, d'où naquit Hippothoon, qu'ils reconnaissaient pour leur chef ; fidèle aux convenances de ce jour, je ne développerai pas ce souvenir. Ils pensaient donc que c'était à eux à se montrer dignes de ce grand homme. La tribu d'Ajax était instruite que ce guerrier, frustré du prix de la valeur, n'avait pu supporter la vie ; aussi, lorsque ce même prix fut décerné à un autre par la fortune, repoussant les ennemis, elle comprit qu'il fallait mourir pour remplir la vraie destinée des Aïantides. Vivre dignes de nos ancêtres, ou périr avec gloire, telle fut la maxime des Antiochides, qui n'avaient pas oublié qu'Antiochus était fils d'Hercule.

« Privés de tels concitoyens, après avoir vu briser des liens si intimes et si chers, les parents, les amis qui survivent sont, sans doute, dignes de compassion : la patrie est veuve, elle ne vit plus que dans les deuils et les larmes. Mais eux, ils sont heureux, au jugement des sages. D'abord, en échange de cette courte vie, ils laissent après eux une gloire qui, toujours jeune, traversera les siècles et fera la consolation de leurs enfants, illustrés par elle et élevés par la république, et de leurs parents, dont la vieillesse, entourée d'hommages, sera nourrie par l'État. Ensuite, inaccessibles aux maladies, délivrés des chagrins auxquels un événement soudain livre notre vie, ils obtiennent de pompeuses et magnifiques funérailles. Eh ! comment ne pas les regarder comme heureux, ceux que la patrie, à ses frais, dépose dans la tombe, à qui seuls elle accorde de publics éloges, qui sont pleurés de leurs parents, de leurs concitoyens, de tout ce qui mérite le nom d'Hellènes, de presque tout le monde habitable ? On pourrait affirmer que, dans les îles fortunées, ils sont assis près des immortels, maîtres de ce séjour, au même rang que les hommes vertueux des anciens âges. Sans doute, aucun témoin de ces honneurs n'est venu nous les révéler ; mais nous pressentons, par analogie, que ceux qui, aux yeux des vivants, furent dignes de terrestres hommages, rencontrent par delà le tombeau une gloire semblable.

« Peut-être est-il difficile d'alléger par la parole une infortune présente. Essayons cependant de tourner les cœurs vers les idées qui consolent. Généreux citoyens, nés de pères non moins généreux, il vous sera beau de porter sans fléchir, comme tant d'autres, le fardeau du malheur, et d'avoir connu sans changer l'une et l'autre fortune. De tels sentiments seraient le plus riche tribut d'hommages pour les morts ; et sur Athènes entière, sur les vivants, ils répandraient une gloire immense. Il est douloureux pour un père, pour une mère, de perdre leurs enfants, les nourriciers de leur vieillesse, mais quelle noble satisfaction de voir ces mêmes fils obtenant de la patrie d'immortels hommages, un glorieux souvenir, et honorés par des sacrifices et des fêtes, comme les dieux ! Il est cruel pour des enfants de perdre l'appui d'un père ; mais qu'il est beau d'hériter de la gloire paternelle ! Dans ce partage, ce qui est affligeant vient de la fortune, sous qui tout mortel doit plier : mais ce qui est honorable et beau vient du choix des hommes qui ont voulu noblement mourir.

« Je n'ai point cherché à parler beaucoup, mais à dire des choses vraies. Pour vous, après avoir pleuré, et rempli le devoir de la justice et de la loi, retirez-vous. »

Tel fut l'éloge funèbre des citoyens morts à la bataille de Chéronée, qui eut lieu aux environs de Thèbes, en Grèce, entre les troupes du roi Philippe de Macédoine et les guerriers de la Grèce, il y a un peu plus de deux mille ans. Mais quel imposant et lugubre spectacle tout à la fois que celui des pompes funèbres décernées par un peuple entier à leurs guerriers tombés sur le champ d'honneur ! Les chars funèbres de chaque tribu portant dans un cercueil de cyprès les restes mortels des guerriers de la tribu qui avaient sacrifié leur vie pour sauver l'indépendance de leur pays, le char portant le cercueil vide destiné aux guerriers qu'on n'avait pu retrouver et auxquels la patrie rendait intentionnellement les mêmes honneurs que s'ils eussent été présents ; les parents des guerriers entourant le char qui portait le cercueil où étaient renfermés les corps de ceux qu'ils pleuraient, et versant sur leur sort à jamais regrettable des larmes amères ; un peuple entier suivant tristement le lugubre convoi et joignant leurs douleurs à celles des citoyens les plus intéressés par la perte des leurs à cette émouvante solennité. L'orateur le plus célèbre du temps prononçant, du haut d'une tribune élevée, devant le tombeau qui venait de recevoir les dépouilles des citoyens qu'on pleurait, l'éloge funèbre de leurs vertus et de leur magnanimité; que de sentiments un si solennel spectacle devait remuer dans le cœur du peuple le plus impressionnable qui ait jamais existé! Comme ces publics hommages, ces honneurs, ces fêtes devaient exciter dans ce peuple les émotions les plus profondes et lui faire aimer la commune patrie!

J'ai pensé faire une chose agréable aux lecteurs, en insérant dans ce travail un discours entier prononcé devant tout un peuple, il y a plus de deux mille ans et dans les circonstances les plus critiques qu'un peuple ait jamais traversées. Les sentiments patriotiques qui animent ce discours sont de tous les temps; les peuples ont toujours aimé les choses grandes, nobles, qui élèvent, qui ennoblissent les sentiments, qui épurent les cœurs et nous reportent vers la divinité.

Cet exemple suffira pour nous faire connaître combien étaient grandes et sublimes les solennités des pompes funèbres chez les Grecs et avec quelle magnificence on honorait à Athènes la mémoire des morts. Je pense donc qu'il est inutile de m'étendre davantage sur ce sujet.

III

DES POMPES FUNÈBRES CHEZ LES ÉGYPTIENS

Nous allons maintenant assister au spectacle le plus gran-
diose, et tout ensemble le plus étonnant, qui ait jamais paru
chez aucun peuple ancien ou moderne, c'est le tableau des
pompes funèbres usitées dans l'antique Égypte et des autres
cérémonies funèbres dont les sépultures étaient entourées.

Tout le monde connaît les soins extrêmes que les familles
égyptiennes mettaient à la conservation de leurs morts,
leurs momies sont venues jusqu'à nous, et nous en voyons
des spécimens presque dans tous nos musées. C'est dans un
musée du midi de la France, que j'ai vu pour la première
fois une momie égyptienne ; c'était le corps d'un enfant de dix
à douze ans ; sa face et ses cheveux étaient parfaitement con
servés et j'avais peine à comprendre par quelle secrète préparation, ce peuple était parvenu à donner à un corps mort le
moyen de se conserver à perpétuité.

Aussi les Égyptiens se glorifiaient-ils d'être les seuls qui sussent travailler pour l'immortalité. Et il faut avouer que eurs monuments dans tous les genres sont presque les seuls qui aient résisté au temps, qui généralement dévore tout, aux envahissements des barbares, aux dévastations et aux révolutions innombrables qui se sont succédé dans leur pays. Car le voyageur y trouve encore des monuments, qui, malgré le grand nombre de siècles qui ont passé sur eux, sont conservés dans toute leur grandeur et leur majesté.

Quant aux solennités funèbres, qui font l'objet de notre travail, nous trouvons établi chez ce peuple, le plus respectueux de la mémoire des morts qui ait jamais existé, la législation la plus curieuse qu'on puisse imaginer. Nous y trouvons établis les Tribunaux des morts. Tous les Égyptiens sans exception, depuis les rois jusqu'aux derniers des sujets, étaient soumis à cette juridiction ; personne ne pouvait échapper à l'examen de ces redoutables tribunaux.

Aussitôt qu'un homme était mort, il était amené en personne et soumis à l'examen de la justice. La séance du tribunal ouverte, l'accusateur public était entendu et ensuite le défenseur à la mémoire du mort. Si l'accusateur public parvenait à convaincre le tribunal que le mort avait été un mauvais citoyen, que sa conduite avait été mauvaise et scandaleuse, ou qu'il avait été mauvais père, ou mauvais mari, en un mot qu'il avait été un homme pernicieux et d'un mauvais exemple, sa mémoire était condamnée par un jugement public, et son corps privé de la sépulture. Dans ce cas, le corps était mystérieusement enlevé dans la nuit et personne ne savait ce qu'il était devenu ; mais ce qu'il y avait de plus grave, c'est que le jugement rendu sur cet homme était infâmant pour toute sa famille. Aussi toutes les familles étaient, en Égypte, vivement intéressées à ce qu'aucun de leurs membres ne fût noté d'infamie ; en conséquence tous concouraient ensemble à se maintenir dans la bonne voie et les condamnations du genre de celle que je viens d'indiquer étaient excessivement rares et n'arrivaient qu'exceptionnellement.

Aussi faut-il avouer que chez aucun peuple des temps passés, les familles n'ont mieux été réglées qu'en Égypte et que la réputation de sagesse des lois de ce peuple était universelle ; nous savons que les plus graves philosophes et les plus grands législateurs de la Grèce, tels que un Homère, un Pythagore, un Platon, Lycurgue même, Solon et les autres qu'il n'est pas besoin de nommer, allèrent apprendre la sagesse en Égypte. C'était dans ces époques reculées, l'usage d'aller compléter son instruction dans ce célèbre pays, comme aujourd'hui les grandes familles de toute l'Europe envoient pour le même but leurs enfants à Paris.

Nous avons dit que les exemples de la condamnation de la mémoire des morts, étaient très-rares en Égypte ; quand donc la vie d'un mort avait subi l'examen du Tribunal funèbre, que le mort avait été reconnu pour un homme recommandable pendant sa vie terrestre, qu'il était justifié qu'il avait rempli scrupuleusement tous les devoirs de bon citoyen, qu'il n'avait jamais donné que de bons exemples à ses semblables, qu'il avait été pieux envers les dieux, enfin qu'il avait été un sujet d'édification pour tous les Égyptiens qui avaient vécu avec lui, le Tribunal des morts rendait à cet homme par un jugement public hommage à ses vertus et ordonnait que sa mémoire serait honorée par de magnifiques funérailles et par son éloge public.

On ne saurait se faire une idée de l'heureuse influence que ces jugements solennels exerçaient sur les mœurs publiques des Égyptiens ; ce peuple admirait le pouvoir des lois qui s'étendait jusqu'après la mort, et chacun, touché de l'exemple, craignait de déshonorer sa mémoire et sa famille ; aussi aucun peuple de l'antiquité n'a laissé une réputation de sagesse égale à celle des Égyptiens.

Lorsqu'une sentence favorable avait été rendue par le Tribunal des morts, on ensevelissait honorablement l'Égyptien qui venait d'être jugé ; on faisait son panégyrique, mais sans y rien mêler de sa naissance et de la gloire de ses ancêtres ; car toute l'Égypte était noble et on n'y souffrait de louanges que celles qu'on s'attirait par son mérite personnel.

Chacun sait avec quelle profonde religion les Égyptiens conservaient les corps morts ; c'était des dépôts sacrés qu'ils se transmettaient de père en fils, à perpétuité. Ainsi leur reconnaissance envers leurs parents était immortelle, et les enfants en voyant les corps de leurs ancêtres, se souvenaient de leurs vertus, que le public avait reconnues et s'excitaient à l'envi les uns des autres à aimer les lois qu'ils leur avaient laissées.

Pour empêcher les emprunts, d'où naissent la fainéantise, les fraudes et la chicane, une ordonnance du roi Asychis ne permettait d'emprunter qu'à la condition d'engager le corps de son père à celui dont on empruntait. C'était une impiété et tout ensemble une infamie, de ne pas retirer assez promptement un gage si précieux ; et celui qui mourait sans s'être acquitté de ce devoir, était privé de la sépulture.

J'ai dit que les rois n'étaient pas exempts du jugement qu'il fallait subir après la mort ; mais, grâce à l'excellence des institutions de l'Égypte, ce peuple a eu peu de mauvais rois; cependant quelques-uns ont été privés de la sépulture, mais on en voit peu d'exemples; et, au contraire, la plupart des rois ont été si chéris de leurs peuples, que chacun pleurait leur mort autant que celle de son père ou de son enfant.

Cette coutume de juger les rois après leur mort, leur faisait entendre que si leur majesté les met si fort au-dessus du reste des humains pendant leur vie, ils reviennent enfin au même niveau quand la mort les a égalés aux autres hommes.

J'ai déjà dit que l'éloge public décerné aux rois comme au reste des Égyptiens roulait uniquement sur les faits propres à chacun. Voici un tableau sommaire de celui qui fut prononcé à la mort du roi Psammétique, l'un de ceux qui bâtit le fameux Labyrinthe tant renommé dans l'antiquité. Le trône était devenu vacant; le peuple choisit douze rois, y compris Psammétique, qui partagèrent ensemble le gouvernement du royaume. Ce furent ces douze rois qui firent bâtir les douze palais du Labyrinthe. Psammétique parvint, par ses talents, ses vertus et sa profonde politique à réunir tout le royaume sur sa tête; l'Égypte reprit sous son règne son ancienne prospérité et toute sa splendeur. Les peuples étaient prospères et heureux; aussi à sa mort, ce fut une désolation générale; il fut pleuré comme un père: toute l'Égypte retentit des pleurs et des gémissements poussés par toutes les classes du peuple.

Son panégyrique fut prononcé par un prêtre de Vulcain; il célébra dans un magnifique langage les grandes qualités du roi que le peuple venait de perdre; il dit que c'était les dieux qui avaient fait au peuple d'Égypte un présent d'un si grand prix en lui accordant un si magnanime roi; il rappela tous les hauts faits de ce grand prince, la réunion de toute l'Égypte en un seul royaume, son application constante et de tous les jours à veiller au bien-être du peuple, à lui rendre 'a vie commode et heureuse, à maintenir une exacte police, à protéger le commerce et à conserver une profonde paix.

Il fit ensuite un magnifique tableau des monuments qu'il avait élevés près du lac Mœris et à Thèbes la capitale et qui feraient, disait-il, éternellement la gloire et l'honneur de l'Égypte; il insista longuement surtout sur la magnificence du palais du Labyrinthe qui était le plus beau monument du monde et que tous les peuples de la terre viendraient pour en admirer les proportions grandioses et l'indicible splendeur. Enfin il termina son discours en disant que son corps allait être déposé dans cette demeure éternelle et que les peuples pourraient continuer d'y venir contempler ses magnifiques traits et s'y inspirer de ses incomparables vertus.

Tous les peuples de l'Égypte accoururent à Thèbes pour honorer de leur présence et de leurs regrets les magnifiques funérailles qui lui furent décernées. Le convoi qui le conduisit de son palais à la dernière demeure qui lui était destinée fut suivi d'un peuple immense; on y voyait défiler tous les prêtres des dieux du pays revêtus de leurs splendides emblèmes; le dieu Apis qui était réputé le nourricier de l'Égypte avec toute son escorte marchait en tête; venaient ensuite les pontifes des autres divinités et les masses populaires qui suivaient. On déploya dans ce funèbre cortége toute la magnificence dont l'Égypte était capable et depuis les pompes funèbres déployées à la mort du roi Sésostris on n'a vait plus vu de pompes funèbres célébrées avec autant d'éclat.

L'usage de juger les rois après leur mort parut au peuple

juif, dont le pays confinait avec celui de l'Égypte un exemple si moral et si salutaire pour les peuples et les rois, qu'il crut devoir l'adopter pour son propre gouvernement et qu'il l'a longtemps pratiqué. En effet, nous voyons dans l'Écriture que les méchants rois étaient privés de la sépulture de leurs ancêtres et nous apprenons de l'historien Josèphe que cette coutume était encore pratiquée du temps des Armonéens. Je dois remarquer ici que le peuple juif déployait aussi une grande magnificence dans ses cérémonies funèbres et que ses pompes funèbres, étaient dans son beau temps, dignes de ce peuple remarquable et du roi Salomon, dont la renommée pour sa splendeur est venue jusqu'à nous.

IV

DES POMPES FUNÈBRES CHEZ LES ANCIENS ROMAINS

Nous allons assister à un spectacle non moins imposant que ceux qui viennent de passer sous nos yeux : c'est le tableau des pompes funèbres usitées parmi les Romains sous la république avant l'avénement de l'empire. Nous allons voir le peuple romain, si amoureux de spectacles et de jeux s'en faire un d'un autre genre non moins émouvant et passionné que les spectacles habituels, dans les pompes funèbres des hommes politiques.

Nous avons vu plus haut que les Égyptiens ne souffraient de louanges dans les panégyriques que celles qu'on tirait des vertus et du mérite personnel. Les Romains, au contraire, faisaient rouler leurs éloges, non-seulement sur le mérite particulier de la personne dont on célébrait les vertus, mais encore et principalement sur les hauts faits des ancêtres qui avaient jeté de l'éclat sur la famille dont un membre faisait le sujet du discours et pour rehausser la distinction et la noblesse de la personne décédée, on faisait porter au devant du char funèbre les tableaux en pied faits par les artistes les plus célèbres, de tous les ancêtres illustres de la personne dont on célébrait les funérailles, et l'orateur puisait dans cette longue liste de personnes remarquables à tant de titres divers, les plus beaux mouvements de son discours et le plus splendide tableau des vertus et des qualités extaordinaires dont le héros de l'oraison funèbre avait hérité. De plus on faisait de nombreux sacrifices aux dieux immortels pour les rendre favorables aux âmes des personnes dont on célébrait la mémoire et pour aider ces âmes à être bien accueillies dans les Champs-Élysées des anciens et à prendre possession du séjour bienheureux qui leur était réservé.

Pour donner une idée de la solennité des pompes funèbres des Romains, je pourrais prendre de nombreux exemples dans les cérémonies de la sépulture des célèbres Romains qui ont illustré ce grand peuple et qui ont apparu en nombre considérable sur la scène du monde et ayant joué un grand rôle depuis le commencement de la république jusqu'à l'avénement de l'empire. Je ferai remarquer tout d'abord, ce que d'ailleurs tout le monde connaît, que c'est principalement au sujet des femmes illustres et considérées par leurs vertus que les pompes funèbres des Romaines étaient déployées dans toute leur magnificence et surtout quand elles avaient subi des morts tragiques et que la douleur et la compassion du peuple étaient suscitées à un haut degré par ces tragiques événements.

Je pourrais raconter une foule d'événements semblables qui se sont passés sous la république romaine et dont plusieurs ont été la cause de graves révolutions qui ont changé la forme du gouvernement, mais ce serait trop long et je craindrais de fatiguer l'attention. Pour ce motif, je me contenterai d'en citer deux ou trois exemples saillants.

Je commencerai par celui de Lucrèce, femme de Collatin. Les Romains faisaient le siége de Véies ; pendant la saison d'hiver, les chefs de l'armée, dans une veillée de la nuit et comme passe-temps, vinrent à discuter sur le mérite de leurs femmes, sur leurs occupations pendant leur absence ; enfin ils mirent en question quelle était la plus vertueuse de toutes. Chacun des capitaines fit l'éloge de la sienne, raconta ses occupations habituelles et prétendit qu'elle l'emportait sans aucun doute possible sur toutes les autres par sa grande sagesse, par ses éminentes vertus et par sa suprême distinction. La discussion s'échauffa ; des paris furent proposés et acceptés ; et quelques-uns des capitaines furent détachés du camp pour se rendre à Rome à une heure avancée de la nuit et aller ainsi vérifier par une visite nocturne aux femmes des chefs romains quelle était celle d'entre elles qui l'emportait sur les autres par ses vertus.

La députation arriva au milieu de la nuit à Rome et se rendit immédiatement aux maisons des femmes qu'ils étaient venus visiter. Les unes se trouvaient au théâtre s'abandonnant aux émotions des spectacles, les autres avaient été rendre visite à des amies et étaient absentes de leurs maisons ; d'autres étaient allées passer la nuit dans divers lieux d'amusement. Lucrèce seule fut trouvée à sa maison donnant divers travaux à ses esclaves et leur donnant l'exemple en mettant elle-même la main à l'œuvre, tenant une quenouille et faisant du fil. D'un avis unanime, Lucrèce fut jugée la plus digne, la plus recommandable de toutes les autres et, la députation étant revenue au camp, et, ayant fait le rapport de ce que ses membres avaient vu à Rome à l'assemblée générale des chefs de l'armée, le jugement de la députation fut approuvé et tous décernèrent à l'unanimité des voix à Lucrèce le prix de vertu qui avait fait l'objet de la discussion.

A quelques jours de là, le fils du roi Tarquin quitta brusquement le camp, se rendit subrepticement à Rome, se présenta au milieu de la nuit au palais de Lucrèce qui, à cause de sa parenté, le reçut, et lorsque tout le monde fut couché, et que Tarquin crut tous les gens de la maison endormis, celui-ci quittant sa chambre, se présenta à Lucrèce, et lui déclara ses projets ; Lucrèce lui fit de vives représentations, et s'opposa de toute son âme à son mauvais dessein ; mais Tarquin, mettant l'épée à la main, lui manifesta son inébranlable résolution et lui dit qu'il fallait ou obéir ou mourir. Le crime fut donc consommé par la force et Tarquin content d'avoir réussi dans sa tentative, retourna au camp.

Le lendemain dans la matinée, Lucrèce manda son père, le père de son mari et tous ses autres parents, les réunit sur la place publique, leur racontant le crime horrible dont elle avait été victime, protesta que son âme était innocente, et, au moment où elle était le plus animée par son récit, la paleur de la mort peinte sur sa noble figure, l'affliction la plus poignante dans le cœur, elle tira de dessous sa robe un poignard qu'elle tenait caché, elle le plongea tout entier dans son cœur, s'écriant que sa honte était ineffaçable, qu'elle ne pouvait plus supporter le jour et qu'elle n'avait plus qu'à mourir, suppliant ses parents de tirer une juste vengeance de sa mort.

En voyant tomber Lucrèce, son père, son beau-père, tous

ses parents poussent des cris de désespoir, leurs plaintes amères éclatent; la funeste nouvelle se répand comme un éclair par toute la ville; le peuple en masse accourt de tous les côtés sur la place publique; le tragique événement vole de bouche en bouche; le désespoir, la consternation sont peintes sur tous les visages; l'exaspération du peuple est au suprême degré; un cri part du milieu de la place, proscription et mort au tyran; le peuple entier se soulève; il court aux armes, la révolution est complète; le roi Tarquin est chassé, sa famille est proscrite, la royauté est abolie; la république est proclamée, et Brutus, qui s'est mis à la tête du peuple fait jurer à tous les citoyens de mourir plutôt que de subir de nouveau la royauté.

C'est alors que le peuple enthousiasmé voulut qu'on fît à Lucrèce de pompeuses funérailles et que, puisque elle était la cause première de la liberté qu'on venait d'acquérir, on n'épargnât rien pour honorer et consacrer dignement sa mémoire; le convoi funèbre qui porta ses restes mortels au sépulcre qui lui fut préparé, fut suivi de tout le peuple; les louanges de Lucrèce étaient dans toutes les bouches, chacun ne pouvait exalter assez haut sa magnanimité et ses vertus. Des actions de grâces aux divinités protectrices de Rome furent ordonnées par le sénat; et le peuple entier, transporté de reconnaissance pour Jupiter Capitolin, se précipita au temple du Capitole où il fit éclater toute son allégresse, et sa joie aux pieds de la divinité pour avoir abattu la tyrannie et tiré une juste vengeance de ses crimes.

Un siècle après environ un fait de tyrannie semblable à celui que je viens de rapporter causa à Rome une nouvelle révolution qui amena la chute d'une nouvelle tyrannie et rendit au peuple romain, la liberté qu'un chef ambitieux lui avait enlevée. Je veux parler de la jeune Romaine Virginie, qu'un père malheureux fut forcé de sacrifier pour lui conserver sa pureté et son honneur. Virginius, son père, était centurion ou capitaine à l'armée; il avait perdu de bonne heure la mère de Virginie et comme son service le tenait éloigné de Rome, il avait confié sa fille à une de ses parentes pour soigner son éducation et lui faire donner une instruction libérale et digne de sa naissance; Virginie était d'une rare beauté; Appius Claudius, chef des décemvirs, qui cumulait en sa personne presque tous les pouvoirs, l'avait vue souvent passer sur la place publique lorsqu'elle se rendait aux écoles pour y prendre ses leçons. Le décemvir avait remarqué la rare beauté de cette jeune fille et en avait été vivement impressionné; pour l'avoir en sa possession, il conçut l'infâme dessein de la faire réclamer comme esclave par l'un de ses affranchis, et, comme par ses fonctions, il était juge souverain en cette matière, il était sûr d'arriver par ce moyen à l'accomplissement de son lâche projet.

L'affranchi d'Appius, pour complaire à son patron, voyant la jeune Virginie traverser la place, lui met la main sur l'épaule et veut l'emmener comme son esclave; la jeune fille et ses suivantes résistent; on donne son nom; on nomme son père; on le désigne par ses qualités; l'affranchi ne veut rien entendre, il persiste de plus fort dans ses prétentions et appelle l'affaire au tribunal d'Appius. Après avoir entendu les deux parties, le juge remet à une autre séance pour être plus amplement informé.

La parente de la jeune fille, que le père avait chargée du

soin de son enfant, toute brisée par la douleur et le désespoir sur ce qui arrive, et se sentant incapable de résister à
un homme si puissant, s'empressa d'envoyer au père de Virginie un messager pour l'instruire du malheur qui menace
sa fille, et le prie instamment de venir sans délai à Rome
pour sauver sa fille; le père fut comme foudroyé par cette
nouvelle; il court, éperdu, vers son supérieur pour demander
un congé. Mais sa demande est nettement repoussée. Dans
un danger si pressant pour son honneur personnel, sans cal-
culer les périls auxquels il va s'exposer, il quitte nuitamment
le camp et se rend avec toute la célérité possible à Rome; il
y arrive la veille du jour où l'affaire de sa fille devait être de
nouveau appelée au tribunal d'Appius. Il se présente fermement devant ce magistrat impitoyable; il donne des explications qui auraient satisfait tout juge impartial. Il désigne le
jour de la naissance de sa fille, le lieu où elle est née, le nom
de sa mère, et toutes les circonstances qui peuvent justifier
de son identité. Le juge reste impassible.

L'affranchi d'Appius est ensuite invité à expliquer ses prétentions. Celui-ci fort de l'appui du décemvir, développe
effrontément la fable qu'il avait inventée et préparée pour le
besoin de sa cause; le juge écoute avec toute l'attention possible les mensongères raisons de son client et les accueille
avec une visible faveur; enfin, après avoir entendu les deux
parties, Appius donnant raison à son affranchi, prononce un
jugement par lequel il adjuge à ce dernier la jeune fille.

A cette vue, le père infortuné de Virginie est éperdu; son
cœur est brisé; il est comme fou; il s'avance vers Appius et
lui demande la faveur de pouvoir parler une dernière fois à sa
fille. Cette faveur lui est accordée; il saisit alors la main de

Virginie, s'écarte un peu de la foule vers une maison où se trouvait une boucherie, et apercevant un long coutelas sur l'étal du boucher, il le saisit vivement et en transperce le cœur de sa fille de part en part; Virginie tombe, comme foudroyée, baignée dans son sang, pousse un long soupir et expire. Virginius est comme saisi du délire; tenant son couteau ensanglanté à la main, il court à travers la foule dans toutes les directions; le peuple est ému de compassion pour ce malheureux père; il est transporté d'indignation contre l'exécrable Appius; il s'échauffe; il court aux armes, saisit toutes celles qu'il trouve sous ses pas; une nouvelle révolution s'accomplit à Rome; la magistrature extraordinaire des décemvirs est abolie; le consulat est rétabli. Les décemvirs sont arrêtés, saisis, et enchaînés dans les prisons. Ils sont mis en jugement, condamnés, et Appius expie son crime dans les plus affreux tourments.

Quant à Virginie, dont le corps était resté étendu, et inondé de son sang, tous les cœurs se reportent de nouveau sur elle; chacun la plaint et gémit sur son malheureux sort; les femmes romaines vont avec leurs filles visiter pieusement le lieu où elle a perdu la vie; son corps est regardé de tous avec un profond respect; on plaint, on gémit sur son malheureux père qui, pour la sauver du déshonneur n'a pas eu d'autre ressource que de lui ôter la vie.

Dans cette circonstance le peuple romain se comporta avec dignité et grandeur ; il décréta en faveur de Virginie des funérailles publiques, qui se firent avec une splendeur inaccoutumée. Toutes les jeunes filles romaines tinrent à grand honneur d'accompagner son corps à sa dernière demeure. Les femmes romaines voulurent aussi lui donner un dernier té-

moignage de regret et toutes ensemble, habillées de deuil se
rendirent à son convoi funèbre et ne la quittèrent que lorsqu'elle fut descendue dans la tombe ; le peuple entier assista
aussi à ses funérailles et on peut dire qu'on n'avait jamais vu
à Rome un tel concours pour rendre les derniers honneurs à
une personne aimée dont les jours avaient été si fatalement
tranchés.

Un citoyen distingué prononça sur sa tombe un discours
où il retraça avec sévérité le crime d'Appius, peignit en
traits touchants les douces vertus de Virginie, son beau caractère, son application à s'instruire, sa docilité aux leçons
qu'elle recevait, la vive amitié que ses jeunes compagnes lui
avaient vouée et le brillant avenir que sa naissance et ses
charmes lui promettaient et qui fut tranché si fatalement par
un cruel destin. Toutes les jeunes filles firent éclater des san-
glots et versèrent des larmes amères sur son sépulcre.

Nous allons assister à présent aux pompes funèbres qui furent décernées pendant la dictature de Sylla, à Julia, femme
de Marius et tante de Jules César. Dans aucunes des funérailles qui s'étaient célébrées à Rome, on n'avait encore vu
déployer tant de splendeur comme à celle de cette illustre
Romaine. Jules César commençait sa carrière ; il avait essayé
un peu de tout et avait réussi en tout ; il était éloquent, et
s'était en maintes occasions fait remarquer par ses discours
au Forum ; d'ailleurs il saisissait toutes les occasions propices
pour attirer l'attention sur sa personne et la mort de sa tante
lui en offrit une magnifique où il se distingua d'une manière
éclatante. Ce fut à la mort de Julia, sa tante, qu'il voulut pré-
sider lui-même à ses pompes funèbres et fit tout ce qu'il fallait
pour qu'elles surpassassent en splendeur toutes celles qu'on

avaient déjà vues, car déjà on voyait percer son ambition et il était facile de juger par ce qu'il faisait qu'il ne souffrirait rien qui fût au-dessus de lui.

Il fit précéder le convoi de sa parente par une grande file de clients qui portaient tous les portraits de sa famille ; il fit arrêter le convoi au milieu de la place publique et du haut d'une tribune élevée pour la circonstance, il prononça l'éloge funèbre de Julia, sa tante, et il tira de cette longue suite de portraits de famille qui étaient devant lui un pompeux éloge de cette femme illustre, qui comptait parmi ses ancêtres un si grand nombre de Romains distingués et célèbres. En célébrant les vertus de cette femme, c'était faire en même temps un magnifique éloge de sa propre maison. Il rehaussa donc aussi haut que possible les grandes qualités de sa tante ; dit qu'elle avait hérité de toutes les vertus de ses ancêtres et qu'elle les avait toutes pratiquées. Il fit remonter l'origine de ses ancêtres jusqu'aux âges les plus reculés et attesta qu'elle s'était toujours montrée digne de Rome, et qu'elle avait fait à toutes les époques honneur aux Romains. Enfin, quoique le parti populaire eût été vaincu dans Marius, et que le parti des grands fut triomphant et que Sylla fut dans toute sa force, il osa faire allusion au parti populaire, dire quelques mots de Marius et laisser percer sa confiance dans l'avénement au pouvoir de ce parti. Ce fut tout à la fois un magnifique éloge de sa tante et un discours politique qui fit beaucoup de sensation.

Au reste les pompes funèbres déployées pour la sépulture de la femme de Marius furent les plus célèbres qu'on eût encore vues. On sait combien les Romains étaient amateurs passionnés de spectacle ; aussi Jules César qui connaissait à fond les penchants du peuple, profita de l'occasion pour lui en donner un splendide et de sa façon. En effet, quel imposant spectacle pour un peuple animé de la sorte que cette longue suite de tableaux de famille peints par les premiers maîtres de l'époque, que ces chars, ces voitures de deuil, ces membres des plus illustres familles de Rome marchant à la suite et accompagnant à sa dernière demeure une femme illustre qui était au fond très-vénérée.

Je pourrais encore donner le tableau de plusieurs cérémonies funèbres de Rome dont les pompes eurent beaucoup d'éclat ; mais j'ai pensé que les quelques exemples des pompes funèbres de Rome que je viens de faire passer sous les yeux suffiront pour donner une idée de la magnificence du peuple romain dans ces sortes de cérémonies; je ne m'étendrai donc pas davantage sur ce sujet et pour donner quelque variété à mon récit, je vais passer aux pompes funèbres qui sont en usage dans diverses autres contrées.

V

DES POMPES FUNÈBRES CHEZ LES NATIONS MUSULMANES

———

Nous quittons les temps anciens et nous arrivons aux temps modernes ; nous allons voir passer sous nos yeux un spectacle non moins instructif que ceux auxquels nous venons d'assister, et nous commençons par les populations qui obéissent à la religion musulmane ; quoique cette religion compte peu d'adeptes sur la terre habitable, on ne peut méconnaître que cette religion est encore pratiquée sur la plus grande partie des terres connues ; en effet, elle est pratiquée dans les deux tiers de l'Asie et dans l'Afrique à quelques exceptions près, et dans une mince partie de l'Europe.

Dans nos longs voyages, dans les diverses parties du monde, j'ai été témoin et j'ai vu de mes propres yeux les funérailles des principaux Musulmans à Tanger, au Maroc, à Tlemcen, à Mostaganem, à Médéah, à Blidah, à Elagoual, à Biskarat, à Tuggort, à Tebessa, à Constantine, à Tunis, dans l'Afrique septentrionale et les pompes funèbres dont les

Musulmans honorent leurs coréligionnaires à leur mort. Ces cérémonies funèbres se font, je dois l'avouer, avec beaucoup de religion et de respect. D'abord, les corps des personnes décédées sont portés sur des brancards par les parents les plus proches du mort ; ces porteurs se remplacent de station à station. Les bières sont recouvertes des étoffes de soie les plus somptueuses ; les Musulmans emploient dans ces tristes circonstances leurs étoffes ou tapis les plus riches, et tout ce qu'ils ont de plus précieux. Le Moudzen, celui qui fait l'appel à la prière à la mosquée ouvre la marche du convoi ; il est suivi par les chantres de la mosquée, qui sont séparés de trois en trois, en deux chœurs, et qui chantent à tour de rôle les chapitres du Coran qui se rapportent aux cérémonies des sépultures. J'ai partout remarqué que les chantres remplissent leurs devoirs avec beaucoup de religion et de piété. Ils sont immédiatement suivis du muphty ou de l'amîn, suivant la dignité de la personne, qui montre à son tour beaucoup de piété et de dévotion. Vient ensuite le corps du défunt porté sur l'épaule par des porteurs et dont la bière est recouverte de tout ce que la famille possède de plus riche en étoffes de soieries. Après le corps, on voit défiler les parents du défunt portant l'empreinte de la douleur et de l'affliction. Immédiatement après on voit, rangés de quatre en quatre, les femmes de deuil entièrement couvertes de leur manteaux bleu-clair. Un peu avant d'arriver au lieu de la sépulture, les femmes de deuil s'arrêtent et attendent que le muphty, ou l'amîn prononcent les dernières prières. Au moment où cette dernière cérémonie est faite et où le corps va être alité dans sa tombe, les pleureuses ou femmes de deuil se forment en cercle et poussent ensemble et en chœur les dernières marques

de regrets et de désolation que leur inspire la perte doulou-
reuse qu'elles viennent de faire. Ces pleurs, ces gémissements
se font avec une cadence parfaitement réglée; ces femmes
commencent par des gémissements contenus et modérés; mais
elles s'excitent par degré et elles finissent par être saisies
comme par un délire religieux ; dans ces moments d'exalta-
tion, elles déchirent le voile qui leur couvre entièrement la
face ; elles se font avec leurs doigts et leurs ongles des plaies
profondes sur les joues; leurs coiffures disparaissent et leurs
cheveux volent au gré du vent ; elles évoquent d'une voix dé-
sespérée le nom de la personne qui va disparaître dans la
tombe; le sang coule à grands flots sur leurs figures; on dirait
des femmes qui veulent mourir avec la personne dont on célèbre les funérailles ; mais à peine les dernières prières sont-
elles terminées, et le corps descendu et scellé dans son sépulcre qu'elles se calment, elles s'assayent, se mettent à causer
sur les vertus du mort. La cérémonie de la sépulture est finie,
et tout est terminé par ces dernières marques de douleur.

J'ai vu bien des cérémonies de ce genre parmi les populations musulmanes et comme les cérémonies sont partout
intimement liées aux idées religieuses, elles se ressemblent
presque partout ; elles ne diffèrent en général, que par la
somptuosité des pompes funèbres qui ne se distinguent que
suivant la richesse des familles et les sommes plus ou moins
considérables dépensées pour ces sortes de cérémonies.

Les pompes funèbres parmi les Musulmans sont entièrement religieuses ; les sentiments d'orgueil et les discours d'ap-
parat en sont entièrement bannis ; on n'entend dans ces cérémonies que des chants pieux et des prières à Dieu.

J'ai assisté à Constantinople, en Égypte, un Perse et dans

quelques villes de l'Indoustan, à plusieurs cérémonies de ce genre, et partout, j'ai vu pratiquer les mêmes habitudes ; je n'ai trouvé de différences que dans les tentures plus ou moins somptueuses des bières employées aux sépultures des personnes décédées. J'ai encore vu cependant, diverses coutumes observées dans les pays de l'Orient, comme, par exemple, de brûler au sein des familles, à l'heure de la prière, les parfums de l'Arabie, des explosions de gémissements par les pleureuses ou femmes de deuil aux mêmes heures, jusqu'au moment de la sépulture de la personne pleurée. Je ne m'étendrai pas davantage sur les pompes funèbres des nations musulmanes, et je passe aux pompes funèbres des peuples soumis à la religion de Bouddha.

VI

DES POMPES FUNÈBRES CHEZ LES BIRMANS

DANS L'INDE

ET DANS L'INDOUSTAN AVANT LA CONQUÊTE DES ANGLAIS.

Nous voici arrivés aux pompes funèbres des peuples de l'extrême Orient encore soumis aux préceptes de la religion de Bouddha et de Brahma. Quelques réflexions sont nécessaires : autant les peuples se rapprochent de cette loi éternelle que la main de Dieu a gravée en caractères indélébiles dans le cœur des hommes pour les éclairer et les conduire, autant ils se montrent supérieurs aux autres nations qui se sont laissées maintenir dans l'abaissement et dans l'enfance par une caste d'hommes intéressés à graver dans leur esprit, des idées fantastiques de la divinité, et à les tenir par ce moyen, dans l'obéissance et la soumission ; et autant les peuples de l'Orient se sont montrés faibles envers leurs prêtres et se sont abandonnés à leur direction, autant ils sont descendus dans l'échelle des peuples civilisés, et malgré leurs innombrables populations, ces peuples se sont trouvés faibles, lorsqu'ils se sont trouvés en contact avec les peuples chrétiens de l'Occident ; tant il est vrai qu'ils n'y a de vrais hommes sur la terre, que ceux qui consultent, qui aiment et qui suivent la raison éternelle qui vient de la puissante main de Dieu.

C'est aussi ce qui nous explique comment quelques poignées d'Européens commandent et gouvernent des millions d'Indiens qui sont, en général, misérablement exploités par eux.

Autant la religion, bien entendue, civilise, élève et ennoblit, les peuples, autant la religion basée sur le fanatisme les rabaisse, les rappetisse et les réduit, pour ainsi dire, à l'état de brutes. Car toutes les fois que l'homme abjure la lumière divine, née avec lui pour y substituer les fantômes de son imagination, il perd sa qualité d'homme et devient un être innommé.

Aussi, allons-nous assister à un spectacle douloureux en parcourant le tableau des pompes funèbres usitées dans l'extrême Orient, et en nous rendant compte des nombreux sacrifices humains, dont ces cérémonies sont très-souvent accompagnées. La religion pratiquée par les populations de l'Inde Transgangétique, et même de l'Indoustan, est en général la religion de Bramha ou de Bouddha. Je ne m'étendrai pas sur les pratiques superstitieuses de cette religion. qui est cependant, suivie par des centaines de millions d'hommes. Ceci n'entre point dans mon sujet, et, pour ne pas être trop long, j'y rentre immédiatement.

C'est une idée religieuse dans ces pays de fanatisme que lorsqu'un homme s'est marié, l'homme et la femme sont in-

dissolublement liés pendant leur vie terrestre, et pendant cette
autre vie qui est promise par de là la tombe, c'est-à-dire pour
l'éternité. Dans ces pays, la sépulture consiste dans la com-
bustion du corps, et, pour ne pas faillir aux devoirs imposés
par cette religion, la femme doit suivre la condition de son
mari, et être solennellement brûlée avec lui.

Voici de quelle manière s'exécutent ces cérémonies religieuses : lorsque le mari est mort, ses femmes gardent une
retraite absolue, sauf des visites nocturnes au cimetière, qu'il
leur est permis de faire. Je dois faire observer ici, que les
grands personnages ont généralement quatre femmes légitimes, que les femmes jouissent, pendant la vie de leur mari
d'une grande considération, et même d'une assez grande
liberté ; qu'elles peuvent se donner tous les agréments et toutes
les jouissances honnêtes qui ne sont pas proscrites par la
religion. Mais l'événement de la mort du mari est un arrêt de
mort pour elles. La religion leur en fait un impérieux devoir,
si elles montraient de l'irrésolution, elles seraient dégradées
dans l'opinion du peuple, l'infamie serait imprimée sur leur
front, le mépris public les suivrait partout, elles deviendraient
le rebut de la société ; elles ne pourraient plus se montrer en
public, sans être exposées à être mises en lambeaux par la
fureur populaire. Si, au contraire, elles se montrent résignées
et soumises aux devoirs que la religion du pays leur impose ;
si elles regardent avec fermeté le sort qu'il leur faut subir ;
si elles vont au bûcher nuptial d'un air délibéré et sans fron-
cer les sourcils, alors elles atteignent dans l'esprit de ces
peuples, une grandeur d'âme incommensurable ; elles sont
regardées par tout le monde avec admiration ; elles sont
saluées par les foules avec des transports de joie ; elles sont

pour ainsi dire, regardées comme des divinités. Lorsque le jour désigné pour la cérémonie des funérailles est arrivé, des bûches de bois bien sec sont apportées sur le lieu du sacrifice; un bûcher est harmonieusement dressé sur les lieux, et disposé pour recevoir commodément les personnes auxquelles il est destiné ; le corps du défunt couvert de ses habits les plus somptueux et des insignes de ses dignités, est apporté avec tout le cérémonial religieux prescrit par l'usage; les prêtres de cette religion, les brahmes, précèdent le convoi et chantent les prières du sacrifice auquel ils vont assister.

Le mort est placé par des hommes spéciaux pour cette cérémonie avec toutes les démonstrations d'une grande piété, sur l'éminence du bûcher, à l'endroit préparé pour le recevoir.

Quand tout a été disposé suivant le rite prescrit pour la circonstance, les femmes du défunt sont prévenues que toutes les dispositions sont prises et que le moment du sacrifice solennel est arrivé. Alors elles sont revêtues par les femmes attachées à leur service, de leurs robes nuptiales les plus riches ; elles sont ornées de leurs plus brillantes parures; leurs cheveux sont artistement tressés, pour tout dire en un mot : elles sont parées de tous leurs plus beaux ornements. Les voitures sont toutes prêtes pour les recevoir; elles y montent avec un transport de joie; les chevaux s'élancent en hennissant vers le lieu du sacrifice où la foule s'est rassemblée; elles y sont reçues par des cris d'allégresse; les prêtres entonnent les cantiques religieux; les femmes s'élancent de leurs voitures; gravissent triomphalement les escaliers du bûcher disposé pour cet effet, se placent religieusement aux endroits du bûcher qui leur sont destinés, à côté du corps de

leur mari auquel elles sont attachées par des bandelettes con-
sacrées par les prêtres.

Quand ces préparatifs sont terminés, les prêtres accentuent
de plus fort leurs chants; le feu sacré est remis par le grand
prêtre à ses acolytes, et ceux-ci entourent le bûcher, y
mettent le feu de tous côtés. La flamme s'élève vivement;
en un instant, le bûcher est tout enflammé, et lorsque les
femmes sont enveloppées par les flammes, elles poussent
souvent quelques gémissements, mais un moment suffit pour
que le feu ait fait son office; leurs voix sont étouffées par les
flammes; le bûcher s'effondre et ne présente bientôt plus
qu'un brasier ardent. Le sacrifice est consommé, la religion
est satisfaite. La foule a assisté impassible et joyeuse à ce
grand spectacle, les prêtres se retirent en silence, la foule
se disperse, et de tout cela il ne reste plus qu'un grand souvenir.

Les cendres des morts sont ensuite religieusement recueil-
lies et déposées dans un vase lacrymatoire qui est lui-
même processionnellement déposé dans un tombeau préparé
pour cet objet.

Ces sacrifices humains sont assez communs dans les contrées de l'extrême Orient, où les Européens n'ont pas encore
pénétré.

Cependant, pour l'honneur de l'humanité, je dois dire
que cette fanatique et barbare coutume tend à disparaître
de jour en jour. Les Anglais ont généreusement défendu ces
sacrifices dans l'Indoustan, depuis qu'ils ont conquis ce pays,
et ont établi des peines sévères contre les Indous qui en-
freindraient cette défense, et depuis lors ces sortes de sacri-

fices humains ont presque entièrement disparu dans cette contrée.

D'un autre côté, les missionnaires chrétiens ont pénétré dans tous les pays transgangétiques où cette barbare coutume est encore le plus pratiquée ; ils commencent à y avoir quelque influence ; ils adoucissent lentement, c'est vrai, mais graduellement les mœurs de ces peuples fanatiques, et nous devons espérer que leur influence y grandira de plus en plus, et qu'avec le temps ces coutumes barbares finiront par disparaître complétement et feront place à une civilisation plus douce et plus conforme à la saine raison. En effet, la civilisation grandit de nos jours dans des proportions énormes ; elle pénètre partout et porte partout avec elle ses bienfaisantes institutions. Nous avons vu arriver à Paris des ambassades de presque toutes les contrées du globe et des pays qui, il y a à peine quelques années, étaient encore entièrement fermés aux étrangers. Ces ambassades ont étudié la France dans tous ses aspects, et vont reporter dans leurs propres pays tout ce qu'elles ont remarqué et vu ; elles vont faire connaître dans ces contrées éloignées nos institutions, nos lois, nos sciences, nos mœurs, en un mot, l'état de notre civilisation.

Nous croyons donc que la civilisation est près de toucher à son dernier terme et qu'elle sera bientôt universelle, embrassant dans son ensemble le cercle entier de l'humanité.

Nous croyons donc que les peuples vont enfin déposer leur haine séculaire et fraterniser ensemble par les échanges des relations commerciales et de l'intelligence, et que les guerres de peuples à peuples et de nations à nations qui ont tant désolé notre vieille Europe dans les siècles derniers, ont fait place à une union intime des peuples entre eux, union qui ne fera que se conforter de plus en plus par les progrès de l'instruction et des relations internationales. Ce que nous fait voir le temps présent nous fait comprendre ce que sera l'avenir.

VII

DES POMPES FUNÈBRES CHEZ LES PEUPLADES NÈGRES DE
L'EMPIRE DE DAHOMEY, SUR LES COTES OCCIDENTALES
DE L'AFRIQUE.

———

Nous venons d'assister au douloureux spectacle qui nous
est offert par le fanatisme outré des populations d'une partie de l'Inde; nous allons maintenant passer aux spectacles
encore plus horribles que nous présentent les pompes funèbres des peuplades nègres du Dahomey, dans la Guinée
septentrionale, sur les côtes occidentales de l'Afrique.

Les peuplades de cette contrée ne connaissent encore
d'autre religion que l'idolatrie; la loi du plus fort y règne
seule en souveraine; l'ignorance et la croyance aux fétiches
livrent ces populations primitives corps et âme au bon
plaisir des chefs qui leur font subir, au gré de leurs ca-
prices, les traitements les plus inhumains. Pour se créer
des ressources, et depuis un temps immémorial, les sou-

verains et les chefs de ces contrées envahissent soudain et
à l'improviste le territoire d'une tribu, tombent en force sur
les demeures ou tentes de ces malheureuses pleuplades, s'em-
parent et ravissent toute la jeunesse des deux sexes et les
emmènent sur les côtes où ils les vendent à beaux deniers
comptants, ou les échangent contre des marchandises du
dehors.

Ce honteux trafic, que la France et l'Angleterre ont pris
à tâche de réprimer, tend cependant de jour en jour à disparaître; l'active surveillance que les divisions navales de
la France et de l'Angleterre exercent sur ces côtes barbares,
pour empêcher ce trafic inhumain, le feront sans doute bientôt
disparaître entièrement, et ce sera une bien noble victoire
remportée par la civilisation sur la barbarie. L'introduction
récente d'instituteurs chrétiens de France à Wida, ville ma-
ritime de cette contrée, et l'accueil bienveillant et hospitalier
que les habitants de cette ville leur ont fait, nous est un ga-
rant suffisant que notre civilisation va étendre sa bienfaisante influence sur cette malheureuse contrée, et que de
meilleurs jours vont se lever pour elle.

J'arrive aux pompes funèbres usitées parmi ces peuplades.

C'est une croyance généralement admise par elles, qu'à
la mort, leurs âmes comparaissent tremblantes au tribunal
de leurs divinités imaginaires pour y subir un jugement sévère de leurs œuvres, et que, pour se les rendre favorables
et les apaiser, il faut leur immoler des créatures humaines,
recueillir leur sang dans un grand vase, faire surnager une
petite nacelle sur ce sang tout fumant, et qu'alors ces divinités terribles, adoucies par l'immolation de ces créatures
faite en leur honneur, les accueilleront favorablement et les

introduiront immédiatement dans le séjour heureux destiné aux bons croyants, aux fétiches.

Et plus les sacrifices seront nombreux, plus elles croient que leurs divinités les accueilleront avec faveur, leur seront propices, plus elles croient mériter par là leurs bonnes grâces et leur introduction dans les lieux fortunés.

Aussi, dès qu'un chef ou un souverain est mort, des ordres sont donnés aux troupes armées de courir sus sur les tribus et dans toutes les directions, de tacher de les surprendre, dans la nuit surtout qui favorise singulièrement ces surprises, de faire le plus de prisonniers possible, et de les amener à la demeure du mort; des récompenses même sont données aux militaires qui amènent le plus de victimes; le jour de la sépulture arrivé, les prêtres des fétiches arrivent en grande cérémonie au palais, évoquent l'âme du défunt, entonnent quelques chants; une musique discordante joue des airs lugubres; les sacrificateurs saisissent leurs couteaux sacrés, et, tout étant disposé, on leur amène par bandes les victimes humaines qui sont immédiatement immolées. Pendant ces exécrables sacrifices, la musique fait entendre ses airs discordants; les prêtres des idoles chantent à tue-tête leurs sauvages cantiques; toute l'assistance mêle sa voix criarde à ces chants, et quand la dernière victime humaine est tombée sous le couteau sacré, le souverain prêtre lance une petite nacelle dans le vase ou le fossé où le sang des victimes a été pieusement recueilli, et après lui avoir imprimé un ou deux tours sur ce sang respectable, le chef des prêtres annonce aux assistants que la sainte cérémonie est terminée.

Alors les invités se rendent au palais pour prendre part à

un repas funèbre qui leur a été préparé, s'entretenant ensemble des vertus du prince dont ils viennent de célébrer les funérailles, et, dans la journée, le corps du défunt est pieusement et dans le silence, descendu dans le caveau qui lui est destiné.

Après ce triste tableau que je viens d'esquisser, que de pénibles réflexions ne devons-nous pas faire ! Que l'homme est misérable et qu'il est à plaindre en même temps ! Quoi, pour honorer des fétiches, des divinités imaginaires, on sacrifie, on immole des créatures humaines par centaines ! des hommes, des enfants innocents sont enlevés violemment de leurs cases, et traînés pieds et poings garrottés au couteau prétendu sacré pour être lâchement immolés à l'honneur d'un prince barbare ! et par ces sanglants sacrifices, on s'imagine rendre de grands honneurs aux divinités ! Quelles barbares idées de Dieu ont donc pu se faire ces prêtres homicides ! Qu'ils sont coupables ces prêtres des idoles, de se servir du saint nom de la divinité pour torturer si abominablement l'humanité !

Allez, missionnaires du Christ, apôtres de la religion par excellence, allez, courez porter la lumière dans ces contrées désolées ! allez apprendre à ces populations crédules et ignorantes, que Dieu est le père et le bienfaiteur de tous les hommes, et qu'il n'en est pas le tyran ; apprenez-leur à l'honorer par une vie laborieuse, innocente, cultivez leur intelligence abrutie, dites-leur qu'ils outragent la sainteté de Dieu par ces sacrifices impies, et que le seul moyen de se rendre la divinité propice, c'est de faire du bien à ses semblables, de les aimer, de leur être utile et de leur faire tout ce que nous voudrions qu'ils nous fissent à nous-mêmes, enfin, d'imiter ce

grand Dieu qui fait luire avec une égale bienveillance le so
leil et les astres sur tous les hommes qui ont vie sur la terre
sans distinction de races et de lieux.

L'Afrique, l'une des cinq parties du monde, recèle encore
dans ses vastes solitudes, des mystères profonds, et jusqu'à
ce jour impénétrés. Là errent des peuplades misérables qui
n'ont d'autres préoccupations que de se faire une guerre
sans fin et de rechercher les occasions de se faire le plus de
mal possible. On dirait qu'elles n'ont été mises au monde que
pour s'exterminer les unes les autres. Voilà, courageux missionnaires, un vaste champ à défricher ; pénétrant au milieu
de ces populations malheureuses et ignorantes, portez-leur
des consolations ; adoucissez leurs misères, donnez-leur la
lumière qui leur manque ; faites luire dans ces contrées barbares le flambeau de la raison ; portez-y la paix, la concorde,
l'union ; vous acquerrez par là la gloire la plus pure ; vous
agrandirez dans des proportions immenses les champs de la
civilisation, et vous rendrez le plus signalé service à la partie
de l'humanité la plus misérable et la plus à plaindre.

C'est la religion chrétienne qui nous a conduits nous-mêmes
au degré de civilisation où nous sommes parvenus ; c'est
elle qui la première nous a enseigné que nous étions tous
égaux aux yeux de Dieu, et que les hommes remontaient
tous à la même origine et étaient par conséquent tous frères
entre eux. Animés d'un saint zèle, portez ces grandes vérités
aux peuplades qui vivent encore dans les ténèbres de l'ignorance ; apprenez-leur à marcher dans la voie droite ; apla-
nissez-leur le dur sentier de la vie ; et vous aurez accompli
l'œuvre la plus méritoire aux yeux des hommes et devant
Dieu.

[illegible]

VIII

QUELQUES RÉFLEXIONS SUR LES POMPES FUNÈBRES DES NATIONS CHRÉTIENNES.

Parmi les nations chrétiennes de l'Europe, les derniers honneurs rendus aux morts, les pompes funèbres déployées à leur sépulture sont des tableaux touchants qui rappellent les peuples à l'idée vivifiante de la divinité, qui impriment fortement aux cœurs des hommes les sensations les plus émouvantes, et les élèvent vers l'être suprême qui tient dans ses mains les destinées de toutes créatures. On ne peut méconnaître que ces imposantes cérémonies funèbres ont exercé sur les sociétés européennes une influence humanitaire admirable et ont beaucoup contribué à l'influence supérieure que les peuples de l'Europe ont exercée sur tous les autres peuples de la terre, car c'est un fait historique à remarquer que depuis le quinzième siècle, toutes les grandes, les belles idées, les idées d'expansion, sont nées en Europe, y ont grandi et se sont répandues ensuite sur le reste du monde habitable.

L'une des causes les plus puissantes de cette expansion générale est sans contredit l'essence de la religion chrétienne qui, la première, a relevé l'homme de l'abaissement, de la dégradation où l'avaient plongé les institutions caduques des temps passés, et en le rattachant à l'idée du créateur, lui a révélé toute sa noblesse et sa dignité. Aussi, aux leçons de cette religion, le vieux monde s'éclipse peu à peu et fait place à une nouvelle génération d'hommes, le vieux chaos disparaît, l'ordre se dégage peu à peu du désordre universel, la face de la terre est pour ainsi dire renouvelée, la régénération humaine s'accomplit de proche en proche et prend de jour en jour de plus grandes proportions, le mouvement civilisateur prend sans jamais se ralentir de nouvelles forces, et pénètre de sa douce influence les contrées les plus ignorées et les plus reculées. Le monde entier est envahi, la barbarie est refoulée par ce souffle souverain de tous ses repaires, et recule chaque jour de ses dernières retraites pour être enfin tout à fait vaincue, et disparaître à jamais.

Nous voyons déjà poindre le moment où la civilisation vivifiera de sa bienfaisante lumière tous les peuples de la terre, où elle règnera pour le bonheur des hommes sur toutes les parties du globe terrestre ; où les peuples au lieu de se faire une guerre continuelle, de se rendre malheureux, apprendront à se mieux connaître, se relieront entre eux par les relations et les liens de l'amitié et du commerce, se respecteront dans leurs intérêts réciproques, et concluront enfin cette paix universelle que tant d'hommes généreux ont rêvée.

Pour arriver à ce but suprême, les peuples de l'Europe ont commencé le mouvement qui s'accentue de plus en plus, et qui, de nos jours, a acquis une force d'expansion si irrésistible que nous pressentons déjà ce jour tant désiré. Mais, parmi les peuples de l'Europe, qui, par leur génie, ont le plus contribué à l'avénement de la brillante civilisation qui fait la gloire de notre époque, nous devons faire une mention toute particulière du peuple français.

C'est, en effet, du sein du peuple français que sont sorties ces bienfaisantes inventions qui ont changé pour ainsi dire la face de la terre ; c'est parmi ce noble et généreux peuple que les sciences ont fait le plus de conquêtes et jeté le plus d'éclat, que les hommes de génie ont exercé la plus juste influence et ont été le plus honorés et respectés, et que, grâce à l'innombrable génération de grands et beaux génies qu'a produits la France, ce peuple a vu sa renommée pénétrer et s'étendre à travers tous les peuples et conquérir partout la gloire la plus pure à laquelle un peuple puisse aspirer.

Continuez, glorieux peuple français, vos conquêtes pacifiques ; portez sur tous les points du globe les lumières et la civilisation ; faites briller en tous lieux le flambeau de vos sciences, de votre littérature, de votre religion, que tous les peuples de la terre apprennent à vous connaître, à vous estimer et à vous honorer ! enfin que le nom de Français rayonne dans tous les coins du monde glorieux et respecté !

Mais revenons encore un instant à notre sujet ; comme les derniers devoirs rendus aux morts, et les pompes funèbres déployées, pour leur sépulture découlent de la haute idée que la religion chrétienne a donné de l'excellence de l'homme, et qu'ils se lient intimement aux cérémonies religieuses, je n'ai pas besoin de dire que, parmi les peuples chrétiens, les pompes funèbres ont beaucoup de ressemblance, et qu'elles ne diffèrent que par quelques points secondaires qui tiennent aux usages et aux mœurs; aussi j'ai pensé qu'il était inutile de faire le tableau des pompes funèbres en usage chez les divers peuples de l'Europe qui sont à peu près tous chrétiens. Vouloir remplir cette tâche, ce serait se répéter inutilement et fatiguer de propos délibéré ses lecteurs. Je terminerai donc ici mon travail et souhaite que les divers tableaux des pompes funèbres que je viens d'esquisser soient accueillis avec bienveillance et jettent quelque lumière sur les usages et les mœurs des peuples divers qui ont fait le sujet de ce travail.

PRÉFECTURE DE LA SEINE

SERVICE

DES

INHUMATIONS ET POMPES FUNÈBRES

DE LA VILLE DE PARIS

———<×>——

DÉCRET RELATIF AUX POMPES FUNÈBRES DE LA VILLE

DE PARIS.

(4 novembre 1859.)

NAPOLÉON, par la grâce de Dieu et la volonté nationale,
EMPEREUR DES FRANÇAIS,

A tous présents et à venir, salut ;

Vu le rapport de notre Ministre Secrétaire d'État au département de l'Intérieur ;

Vu le titre V du décret du 23 prairial an XII, les décrets des 18 mai 1806 et 30 décembre 1809 ;

Les décrets des 18 août 1811 et 2 octobre 1852, relatifs au service des Pompes funèbres de Paris ;

L'arrêté du Préfet de la Seine, en date du 30 septembre 1859 ;

L'avis de notre Ministre Secrétaire d'État au département de l'Instruction publique et des Cultes ;

Notre Conseil d'État entendu,

Avons décrété et décrétons ce qui suit :

ART. 1er.

Est approuvé l'arrêté susvisé, par lequel le Préfet de la Seine a prononcé la résiliation du bail de l'entreprise des Pompes funèbres de la ville de Paris, dont M. Léon Vafflard avait été déclaré adjudicataire, suivant procès-verbal du 24 novembre 1852, pour une durée de neuf ans, du 1er janvier 1853 au 31 décembre 1861.

ART. 2.

L'entreprise du service ordinaire et extraordinaire des

Pompes funèbres, dans la ville de Paris, sera mise en adjudication, aux enchères publiques, pour onze années, à partir du 1er janvier 1860, dans les formes prescrites, et aux conditions exprimées au Cahier des charges destiné à servir de base à ladite entreprise.

Les droits à percevoir pour le service et les fournitures à faire, soit par les fabriques et consistoires, soit par l'adjudicataire, seront réglés conformément aux tarifs ci-annexés.

En conséquence, les tarifs approuvés par le décret du 2 octobre 1852 cesseront d'être exécutés à dater du 1er janvier 1860.

Art. 3.

Le prélèvement pour la bourse commune, établi par l'article 8 du décret du 18 août 1811, qui avait été fixé, par le décret du 2 octobre 1852, à 50 p. 100 des sommes versées par l'adjudicataire dans la caisse de chacune des fabriques des églises de Paris, sera porté à 60 p. 100. Sur cette quotité, 58 p. 100 continueront d'être répartis entre lesdites fabriques par portions égales, et 10 p. 100 seront mis en réserve, pour être, d'un commun accord entre Mgr l'Archevêque de Paris et M. le Préfet de la Seine, distribués aux fabriques les plus nécessiteuses.

Art. 4.

Nos Ministres Secrétaires d'État au département de l'Intérieur et de l'Instruction publique et des Cultes sont chargés de l'exécution du présent décret.

Fait au Palais de Compiègne, le 4 novembre 1859.

Signé NAPOLÉON.

Par l'Empereur :

Le Ministre Secrétaire d'État au département de l'Intérieur,

Signé BILLAULT.

Pour ampliation :

Le Conseiller d'État, Secrétaire général,

Signé J. CORNUAU.

Pour copie conforme :

Le Secrétaire général de la préfecture,

Signé CH. MERRUAU.

TARIFS

ANNOTATIONS

SUR

LES CLASSES DU SERVICE EXTRAORDINAIRE

DES

SÉPULTURES DANS LA VILLE DE PARIS

Nota. Le service extraordinaire, divisé en neuf classes, se compose, dans chaque classe, de deux sections :

1re SECTION. — *Cérémonie religieuse.*

2e SECTION. — *Service par l'entreprise.*

Les deux sections du service sont indépendantes l'une de l'autre ; les familles ne sont donc pas obligées de les demander simultanément, ni de prendre la même classe pour les deux sections.

Chaque section comprend :

D'une part, le *tarif de la classe ;*

D'autre part, celui des *objets supplémentaires spéciaux à la classe.*

Le tarif de la classe se divise en deux ordres ou colonnes pour chacune des sept premières classes.

Ce tarif est fixe et indivisible pour les deux paragraphes formant la 1re section (*cérémonie religieuse*). Les familles ne peuvent que refuser la section entière, ou choisir entre la colonne n° 1 et celle n° 2.

Pour la 2e section (*service par l'entreprise*), les familles peuvent rejeter en entier, mais seulement par ensemble, les divisions ou paragraphes qui composent la section entière, à l'exception toutefois du cortége et du catafalque, s'il y avait service religieux à l'église ou au temple. Elles peuvent choisir à leur gré entre les divisions ou paragraphes de la colonne n° 1 et ceux de la colonne n° 2 ; mais elles ne peuvent retrancher isolément aucun des objets qui composent chaque division ou paragraphe. Dans aucun cas, elles n'ont la faculté de prendre ni dans les classes supérieures, ni dans les classes inférieures, aucun des articles qui y sont inscrits.

A l'égard du *tarif des objets supplémentaires spéciaux*, les familles peuvent, par addition choisir, dans la classe adoptée par elles, tels des objets qu'elles jugeront à propos de demander.

Les demandes auxquelles, par suite d'insuffisance du personnel ou autrement, il ne pourrait être satisfait complétement, donneront lieu, sur le montant de la classe, à la réduction du prix pour lequel est portée au tarif chaque partie du service non effectué. Toute quittance émanant, soit de l'église, soit de l'entrepreneur, devra être donnée sur formule imprimée reproduisant la classe qui aura été demandée.

(Ce nota doit être porté en tête des formules ou feuilles de commande, dans toutes les classes.)

TARIFS

DES DROITS ET FRAIS A PAYER

POUR LE SERVICE

ET LA POMPE DES SÉPULTURES DANS LA VILLE DE PARIS.

PREMIÈRE PARTIE

SERVICE ORDINAIRE ET SERVICE EXTRAORDINAIRE

CHAPITRE PREMIER

SERVICE ORDINAIRE

TRANSPORTS

Tout transport donne lieu au payement d'une taxe qui est versée dans la caisse municipale pour faire face aux dépenses du service ordinaire. Cette taxe, portée à la suite de chaque classe de l'entreprise pour une somme fixe, est versée à la mairie.

Les transports qui ne sont point précédés d'une cérémonie funèbre sont assujettis au payement de la taxe de la 5e classe.

Tout autre transport effectué dans le ressort de la Préfecture de police, pour lequel on ne réclame pas le service extraordinaire, est soumis au payement d'une taxe fixe de. . . . .   6 »   »

CERCUEILS ORDINAIRES.

Pour le cercueil d'un enfant de deux ans et au-
dessous. . . . .   2 »   »
Pour celui d'un enfant au-dessus de deux ans,
jusqu'à sept ans accomplis. . . . .   3 »   »
Pour celui d'une personne au-dessus de sept ans,
à 5 pans. . . . . ,   5 »   »
Idem, à 6 pans.   6 »   »
Idem, à 8 et 10 pans, et de la plus forte dimen-
sion. . . . .   8 »   »

NOTA. Pour les cercueils de chêne, plomb
et sapin, voir le tarif spécial de ces fournitures.

—

1re CLASSE

TARIF DE LA CLASSE

—

PREMIÈRE SECTION

CÉRÉMONIE RELIGIEUSE

—

1° *Personnel.*

Le tarif des deux paragraphes formant la première section est fixe et individuel. Les familles
ont seulement la faculté de choisir entre les deux
colonnes celle qui est la plus conforme à leurs
désirs ou à leurs moyens, ou de rejeter la section entière en prenant la première section d'une
classe inférieure. Cette note est applicable à la
première section de toutes les classes.

1. Droit curial. . . . .   8 »   8 »
2. Présence de M. le curé. . . . .   16 »   16 »
3. Présence de deux vicaires. . . . .   8 »   8 »
4. Présence de dix-huit prêtres. . . . .   54 »   54 »
5. Six chantres à 2 fr. . . . .   12 »   12 »

A reporter. . . .   98   98

Reports. . . .	98		98	
6. Deux serpents à 2 fr.	4	»	4	»
7. Huit clercs à 1 fr.	8	»	8	»
8. Dix enfants de chœur à 1 fr.	10	»	10	»
9. Un prêtre sacristain.	3	»	3	»
10. Un régulateur-receveur des convois.	9	»	9	»
11. Un garçon de sacristie.	2	»	2	»
12. Deux suisses à 2 fr.	4	»	4	»
13. Deux bedeaux à 2 fr.	4	»	4	»
14. Un porte-croix.	2	»	2	»
15. Honoraires supplémentaires pour le chant dit *contre-point*, avec le faux-bourdon. . . .	60	»	60	»
16. Pour l'orgue.	20	»	20	»
17. Offrande. (L'offrande étant de sa nature volontaire, le chiffre n'en peut être fixé.). .	*Mémoire.*		*Mémoire.*	
18. Grand'messe : le célébrant.	6	»	6	»
19. Diacre et sous-diacre.	6	»	6	»
20. Trois prêtres pour la conduite du corps au cimetière de l'arrondissement.	30	»	30	»
21. Deux enfants de chœur.	2	»	2	»
22. Un suisse.	2	»	2	»
23. Un bedeau.	2	»	2	»
TOTAL du personnel. . .	272	»	272	»

2° *Matériel.*

24. A l'autel, vingt-quatre cierges, cire fine, de 3/8 de kilogramme (3/4 de livre), à 8 fr. le kilogramme.	72	»	72	»
25. Autour du corps, cinquante cierges, cire fine, de 3/8 de kilogramme, à 3 fr. chacun.	150	»	150	»
26. Onze kilog. de cire fine pour le clergé, à 8 fr. le kilog . . . . , ...	88	»	88	»
27. Ornements les plus riches.	40	»	40	»
28. Chandeliers d'autel, acolytes, croix et bénitiers.	20	»	20	»
29. Grande tenture de fond d'autel.	15	»	15	»
30. Couverture du tabernacle et des gradins. . .	5	»	5	»
31. Parement au devant de l'autel.	3	»	3	»
32. Couverture des siéges des célébrants.	4	»	4	»
33. Tapis du sanctuaire et du pupitre.	2	»	2	»
A reporter. . . .	399		399	

	Reports. . .	399	399
34. Il sera payé à la fabrique, pour les lumières de chaque candélabre 15 fr. ; pour le maximum de quatre ou de deux.		60 »	30 »
35. Pour les lumières de chaque lustre, 10 fr.; pour dix ou six au maximum.		100 »	60 »
36. Pour les lumières de chaque girandole, 5 fr. ; pour quatre au maximun.		20 »	20 »
37. Une volée d'une seule cloche à l'entrée du corps.		2 50	2 50
38. Une volée à la sortie		2 50	2 50
TOTAL pour le matériel . . .		584 »	514 »
TOTAL de la 1ʳᵉ section . . .		856 »	786 »

2ᵉ SECTION.

SERVICE PAR L'ENTREPRISE.

Les familles ont la faculté de choisir entre les tarifs de deux colonnes et de prendre celui de la première ou de la deuxième colonne, ou de rejeter en entier, mais seulement par ensemble les divisions ou paragraphes qui composent la section entière, à l'exception toutefois du cortége et du catafalque, s'il doit y avoir service religieux à l'église ou au temple; mais elles ne peuvent retrancher isolément aucun des objets qui composent chaque division ou paragraphe.

Dans aucun cas, les familles n'ont la faculté de prendre ni dans les classes supérieures, ni dans les classes inférieures aucun des objets qui y sont inscrits.

A l'égard du tarif des objets supplémentaires, les familles peuvent, par addition, choisir dans la classe adoptée par elles, tels des objets qu'elles jugeront à propos de demander.

Cette explication s'applique à la deuxième section (service par l'entreprise) de toutes les classes.

Objets supplémentaires applicables à toutes les classes. — Suite de la deuxième section.

Les familles ont la faculté de choisir dans cette section les objets qu'il leur plaira d'adopter.

1° A la maison mortuaire.

1. Tenture du péristyle et de la face extérieure de la maison.	100	»	100	»
2. Bandeau frangé et galonné en argent à la tenture extérieure	24	».	24	»
3. Ornement en argent couronnant la tenture,	24	»	24	»
4. Une paire de rideaux frangés et galonnés en argent avec patères et embrasses..	24	»	24	»
5. Draperie à l'antique appliquée sur la tenture avec patères et embrasses.	30	»	30	»
6. Bandeau frangé et galonné en argent pour le dessous de porte	24	»	24	»
7. Estrade à trois gradins couverte d'un tapis. . . .	24	»	24	»
8. Dais avec draperies et rideaux frangés et galonnés surmontant l'estrade.	50	»	50	»
9. Autel avec devant d'autel et garniture frangée et galonnée en argent.	30	»	30	»
10. Quatre ou deux candélabres ou cassolettes avec flammes à 20 fr. chacun.	80	»	40	»
11. Drap mortuaire en velours de soie, parsemé d'étoiles brodées en argent, bordé de galons et franges à torsades en argent. . .	40	»	40	»
12. Vingt-quatre chandeliers argentés.	24	»	24	»
13. Vingt-quatre souches garnies de la bougie nécessaire pour le temps de l'exposition. .	24	»	24	»
14. Une croix et un bénitier argentés	3	»	3	»
15. Socle avec housse en drap ornée d'étoiles, franges et galons en argent, pour poser le bénitier	12	»	12	»
16. Coussin en velours, galonné en argent, pour poser le crucifix.	10	»	10	»
17. Pièce de fond à croix, galonnée en argent. .	16	»	16	».
TOTAL de la maison mortuaire.	539	»	499	»

Dans le cas où la personne décédée appartiendrait au culte protestant ou au culte israélite, le total ci-dessus serait réduit des objets qui, pour ce motif, ne seraient pas demandés.

2ᵉ Cortége.

18. Quatre ou deux maîtres de cérémonie à 12 fr. chacun.	48	»	24	»
19. Corbillard à galerie argentée, à impériale à 5 plumets, avec garniture ornée de broderies, franges à torsades et galons en argent, attelage à six ou quatre chevaux avec harnais drapés et plumets.	300	»	250	»
20. Six ou quatre caparaçons en drap ornés d'étoiles et galons en argent.	144	»	96	»
21. Deux livrées galonnées en argent pour le cocher du corbillard et le postillon. . . .	30	»	30	»
22. Guides argentées.	12	»	12	»
23. Aiguillettes pour le cocher et le postillon, à 5 fr. l'une.	10	»	10	»
24. Quatorze ou dix voitures drapées, à 20 fr. chacune.	280	»	200	»
25. Livrées galonnées en argent pour les cochers des voitures, à 15 fr. chacune.	210	»	150	»
26. Aiguillettes pour les mêmes, à 5 fr. chacune.	70	»	50	»
27. Crinières tressées pour les chevaux des voitures, par paire de chevaux, 10 fr.	140	»	100	»
28. Cocardes aux chevaux des voitures, chaque paire 8 fr.	112	»	80	»
29. Guides argentées, pour chaque voiture 6 fr.	84	»	60	»
30. Décors de la voiture du clergé.	25	»	25	»
31. Décors de la voiture de famille.	25	»	25	»
32. Harnais drapés, pour chaque voiture 10 fr. .	140	»	100	»
33. Barres ornées pour porter le corps.	6	»	6	»
Total pour le cortége. . .	1,636	»	1,218	»

S'il n'y avait pas d'exposition, on ajouterait aux objets indiqués dans le paragraphe le drap mortuaire, soit 40 fr.

3° *A l'église ou au temple :*

§ 1ᵉʳ. — Portail.

34. Tenture du portail	60	»	60	»
35. Bandeau frangé et galonné en argent. . . .	24	»	24	»
A reporter. . .	84	»	84	»

Reports. . .	84	»	84	»
36. Ornement en argent couronnant la teuture. .	30	»	30	»
37. Une paire de rideaux frangés et galonnés en argent avec patères et embrasses.	24	»	24	»
28. Draperies à l'antique.	30	»	30	»
TOTAL pour le portail. . . .	168	»	168	»

§ 2. — Tenture intérieure.

39. Tenture à raison de 40 c. le mètre superficiel ; maximum	600	»	600	»
40. Franges et galons à la tenture (3/10 du prix de celle-ci ;) maximum.	180	»	180	»
41. Ornement couronnant la tenture (4/10 du prix de celle-ci) ; maximum.	240	»	240	»

Le prix indiqué sous les numéros 39, 40 et 41 est un maximum établi sur les dimensions de la tenture nécessaire à la décoration de l'église qui comporte l'emploi de la plus grande quantité (la Madeleine) ; mais il sera réduit selon les dimensions de chaque église ou temple, conformément au tableau ci-annexé.

42. Litre en velours frangée et galonnée en argent ou bordée d'hermine, le mètre courant, quelle que soit la largeur, 4 fr. ; maximum deux cent soixante mètres	1,040	»	»	»
43. Palmes sur les tentures intérieures, chacune 4 fr. : trente au maximum	120	»	»	»
44. Couvertures de stalles, chaque stalle 1 fr. ; cent vingt ou soixante au maximum. . . .	120	»	60	»
45. Tapis de pied, chaque mètre superficiel 50 centimes ; maximum mille ou cinq cents mètres.	500	»	250	»
46. Cent chaises garnies couvertes de housses noires galonnées en fil blanc, à 1 fr. 50 c. chacune.	450	»	450	»
47. Cent housses noires galonnées en fil blanc pour chaises basses, à 75 c. chacune. . . .	75	»	75	»
TOTAL pour la tenture intérieure. . .	3,025	»	1,555	»

§ 3. — Catafalque.

48. Grand soubassement avec garniture brodée
en argent, surmontée d'une estrade avec
représentation, ou dais à colonnes avec
draperies et rideaux frangés et galonnés
en argent, et plumets.   300   »   300   »

> Dans les églises ou temples qui ne com-
> portent pas l'emploi du grand soubassement,
> il pourra être fait usage, soit du petit sou-
> bassement dont le prix est de 150 fr., soit
> même de l'estrade à trois gradins dont le
> prix est de 20 fr. ; s'il n'y avait place pour
> le petit soubassement, le chiffre de 300 fr.
> ci-dessus serait alors réduit au prix de
> l'objet fourni.

49. Baldaquin suspendu à la voûte de l'Église au-
dessus du dais, avec rideaux, draperies
bordées en hermine, plumets en autruche. .   250   »   »   »
50. Drap mortuaire en velours de soie, à croix,
orné de broderies, franges à torsades, et
galons en argent.   40   »   40   »
51. Cinquante chandeliers argentés garnissant les
gradins du soubassement ou du dais . . .   50   »   50   »
52. Quatre statues allégoriques. 100   »   100   »
53. Quatre cassolettes ou candélabres garnis de
flammes.   80   »   80   »
54. Lampe funéraire, chaque bec 1 fr. ; cent becs
au maximum   100   »   100   »

TOTAL pour le catafalque. . .   920   »   670   »

TOTAL DE LA 2ᵉ SECTION. . .   6,288   »   4,140   »

TAXE municipale. . .   40   »   40   »

ARTICLES ET OBJETS SUPPLÉMENTAIRES

SPÉCIAUX DE LA 1re CLASSE,

—

1re SECTION.

CÉRÉMONIE RELIGIEUSE.

—

1° *Personnel.*

1. Un prêtre veilleur de jour et de nuit, pendant
vingt-quatre heures . . . . 18 »   »
2. Au delà des vingt-quatre heures, chaque
heure . . . .   1 »   »

> Si la conduite a lieu dans un cimetière
> autre que celui de l'arrondissement de la
> paroisse du décédé, il sera payé, outre la
> rétribution allouée à la classe :

3. A chaque prêtre. . . . .   2 »   »
4. A chaque enfant de chœur. . . . .   » 50   »
5. A chaque suisse. . . . .   » 50   »
6. A chaque bedeau. . . . .   » 50   »

> Si la conduite a lieu dans un cimetière
> autre que ceux de la ville de Paris et hors
> de cette ville, il sera payé, outre la rétribu-
> tion allouée à la classe, lorsque la distance
> n'excédera pas un myriamètre :

7. A chaque prêtre. . . . .   4 »   »
8. A chaque enfant de chœur. . . . .   1 »   »
9. A chaque suisse. . . . .   1 »   »
10. A chaque bedeau. . . . .   1 »   »

> Si la distance excède un myriamètre, il
> sera traité de gré à gré avec les familles.

2° *Matériel.*

Pour les veilles à la maison mortuaire,
lorsque les familles n'auront point commandé de chambre ardente à l'entreprise, il sera payé pour chaque cierge
fourni dans la chambre mortuaire :

11. Lorsqu'il s'agira d'un 1/2 kilogramme.. . . . 4 » »
12. Lorsqu'il s'agira de 3/8 de kilogramme. . . . 3 » »
13. Pour chaque chandelier. . . . . 1 » »
14. Pour croix et bénitier . . . . 2 » »
15. Il sera payé à la fabrique pour une volée
  d'une cloche à l'*Angelus* du matin et à
  celui du soir. . . . . 5 » »
16. Il sera payé à la fabrique pour chaque volée
  en sus. . . . . 2 50 »

2ᵉ SECTION.

SERVICE PAR L'ENTREPRISE.

1º *A la maison mortuaire.*

1. Tenture d'appartement, chaque mètre superficiel . . . . » 50 »
2. Bandeau frangé et galonné en argent sur la
  tenture. . . . . 24 » »
3. Rideaux frangés et galonnés en argent, chaque
  paire . . . . 24 » »
4. Ornements couronnant la tenture. . . . . . 24 » »
5. Pour la menuiserie et la charpente nécessaires
  à la tenture d'une porte cochère, quand elle
  n'est pas surmontée d'un plancher, ou
  pour emploi des appareils destinés à la
  pose des tentures sans clous ni échelles,
  lorsque les propriétaires en exigeront l'emploi pour préserver leurs maisons de dégradations. . . . . 12 » »
6. Piédestal pour poser les insignes, chacun. . 12 » »
7. Coussin en velours de soie galonné en argent pour poser les insignes, et crêpe pour
  les recouvrir, chacun. . . . . 20 » »
8. Quatre cordons avec glands pour tenir les
  coins du drap. . . . . 10 » »
9. Un prie-Dieu garni d'une housse frangée et
  galonnée en argent, s'il y a un prêtre
  veilleur. . . . . 24 » »
10. Un fauteuil couvert d'une housse galonnée en
  argent. . . . . 6 » »

11. Un carreau de velours galonné en argent,
    servant à s'agenouiller.   6   »   »
12. Écusson avec chiffre brodé sur velours, cha-
    cun.   12   ».   »
13. Trophée de drapeaux, chacun.   24   »   »
14. Si l'on demandait que les souches prévues
    dans la classe fussent remplacées par des
    cierges, il serait payé, pour chaque cierge
    de cire fine de 1/2 kilogramme.   4   »   »

2° Cortége.

15. Officiers en manteau pour porter les pièces
    d'honneur, chacun.   12   »   »
16. Hommes de deuil ou valets de pied, chacun. .   8   »   »
17. Chevaux blancs, en sus du prix fixé pour le
    corbillard.   30   »   »
18. Écusson avec chiffre brodé sur velours, cha-
    cun.   8   »   »
19. Trophée de drapeau, chacun.   24   »   »
20. Loyer d'un cheval de bataille.   40   »   »
21. Un crêpe frangé pour un cheval.   24   »   »
22. Selle et harnais dudit.   25   »   »
23. Deux écuyers.   24   »   »
24. Loyer d'un manteau en drap fin ou en voile,
    chacun.   4   »   »

3° A l'église ou au temple.

2. Écusson avec chiffre brodé sur velours, au
   portail, chacun.   20   »   »
26. Trophée de drapeaux au portail ou à l'inté-
    rieur, chacun.   24   »   »
27. Écusson, avec chiffre brodé sur velours, sur
    les tentures intérieures, chacun.   20   »   »
28. Écusson au catafalque, chacun.   8   »   »
29. Piédestal pour poser les insignes, chacun. .   12   »   »
30. Fauteuils couverts de housses noires galon-
    nées en argent, pour les dignitaires, cha-
    cun.   6   »   »
31. Prie-Dieu garni d'une housse frangée et ga-
    lonnée en argent, avec carreau en velours
    galonné en argent, pour les dignitaires,
    chacun.   24   »   »

32. Banquettes recouvertes de housses noires,
pour les convois auxquels assistent les
corps constitués, chaque mètre courant . .　　1 50　　　　　　»

RÉSUMÉ DE LA 1re CLASSE.

N° 1.

1re SECTION. Cérémonie religieuse.	Personnel.	272 »	856 »	»
	Matériel.	584 »		
2e SECTION.	A la maison mortuaire.	539 »		
	Cortége	1,636 »		
Service par l'entreprise.	A l'église ou au temple : Portail . . 168 » Tenture intér*. 3,025 » Catafalque. . 920 » = 4,113 »		6,288 »	»
	TAXE municipale.		40 »	»
Articles et objets supplément*es*.	De la classe. . . . . Fournitures réelles.		*Mémoire.*	

TOTAL pour la 1re classe, n° 1 . . 7,484 »　　　　　　»

N° 2.

1re SECTION Cérémonie religieuse.	Personnel.	272 »	786 »	»
	Matériel.	514 »		
2e SECTION	A la maison mortuaire.	499 »		
	Cortége.	1,218 »		
Service par l'entreprise.	A l'église ou au temple : Portail . . 168 » Tenture intér*re*. 1,555 » Catafalque . . 670 » = 2,393 »		4,110 »	»
	TAXE municipale.		40 »	»
Articles et objets supplément*res*.	De la classe. . . . . Fournitures réelles.		*Mémoire.*	

Total pour la 1re classe, n° 2 . . . 4,936 »　　　　　　»

2ᵉ CLASSE

TARIF DE LA CLASSE

—

PREMIÈRE SECTION

CÉRÉMONIE RELIGIEUSE

—

1° Personnel:

1. Droit curial.	7	»	7	»
2. Présence de M. le curé.	15	»	15	»
3. Présence de deux vicaires.	7	»	7	»
4. Présence de quatorze prêtres.	35	»	35	»
5. Six chantres à 2 fr. chacun.	12	»	12	»
6. Deux serpents à 2 fr. chacun.	4	»	4	»
7. Six clercs à 1 fr. chacun.	6	»	6	»
8. Huit enfants de chœur à 1 fr. chacun.	8	»	8	»
9. Un prêtre sacristain.	3	»	3	»
10. Un régulateur-receveur des convois.	9	»	9	»
11. Un garçon de sacristie.	2	»	2	»
12. Un suisse.	2	»	2	»
13. Un bedeau.	2	»	2	»
14. Un porte-croix.	2	»	2	»
15. Honoraires supplémentaires pour le chant dit *contre-point*, avec le faux-bourdon.	60	»	60	»
16. Pour l'orgue.	20	»	20	»
17. Offrande. (L'offrande étant de sa nature volontaire, le chiffre n'en peut être fixé.).	*Mémoire.*		*Mémoire.*	
18. Grand'messe : le célébrant.	6	»	6	»
19. Diacre et sous-diacre.	6	»	6	»
20. Trois prêtres pour la conduite du corps au cimetière.	24	»	24	»
21. Deux enfants de chœur.	2	»	2	»
22. Un suisse.	1	»	1	»
TOTAL du personnel.	**233**	**»**	**233**	**»**

2° *Matériel.*

23. A l'autel, dix-huit cierges, cire fine, de 3/8 de kilog. (3/4 de livre), à 8 fr. le kilog. . . .	54	»	54	»
24. Autour du corps, quarante cierges, cire fine, de 3/8 de kilog.	120	»	120	»
25. Au clergé, 7 kilog. 1/2 de cire fine, à 8 fr. le kilog.	60	»	60	»
26. Ornements, chasubles, dalmatiques, chapes.	35	»	35	»
27. Chandeliers d'autel, acolytes, croix et bénitier.	18	»	18	»
28. Tenture de fond d'autel.	15	»	15	»
29. Couverture du tabernacle et des gradins. . .	5	»	5	»
30. Parement au devant de l'autel. . . . : . . .	3	»	3	»
31. Couvertures des siéges des célébrants. . . .	3	»	3	»
32. Tapis du sanctuaire et pupitre.	2	»	2	»
33. Il sera payé à la fabrique, pour les lumières de deux candélabres.	30	»	»	»
34. Pour chaque lustre, 10 fr. (quatre au maximum).	40	»	»	»
35. Pour deux girandoles.	10	»	»	»
36. Une volée d'une seule cloche à l'entrée du corps.	2	50	2	50
37. Une volée à la sortie.	2	50	2	50
TOTAL pour le matériel. . . .	400	»	320	»
TOTAL de la 1re section. . . .	633	»	553	»

2e SECTION

SERVICE PAR L'ENTREPRISE

—

1° *A la maison mortuaire.*

1. Tenture de la porte et de la face extérieure de la maison.	100	»	100	»
2. Bandeau frangé et galonné en argent à la tenture extérieure.	24	»	24	»
3. Ornement en argent couronnant la tenture. .	24	»	24	»
A reporter. . . .	148	»	148	»

Reports. . .	148	»	148	
4. Une paire de rideaux frangés et galonnés en argent, avec patères et embrasses.	24	»	24	
5. Draperie à l'antique appliquée sur la tenture, avec patères et embrasses.	30	»	30	
6. Bandeau frangé et galonné pour le dessous de porte.	24	»	»	
7. Estrade à trois gradins et tapis.	24	»	24	
8. Deux candélabres ou cassolettes avec flammes, à 20 fr. chacun.	40	»	»	»
9. Drap mortuaire (comme dans la première classe).	40	»	40	»
10. Dix-huit chandeliers argentés.	48	»	48	»
11. Dix-huit souches garnies de la bougie nécessaire pour le temps de l'exposition. . . .	48	»	48	»
12. Croix et bénitier argentés.	3	»	3	»
13. Socle avec housse en drap orné d'étoiles, franges et galons en argent, pour poser le bénitier.	12	»	12	»
14. Coussin en velours galonné en argent pour poser le crucifix.	10	»	10	»
15. Pièce de fond à croix, galonnée en argent. .	16	»	16	»
Total de la maison mortuaire. .	407	»	343	»

Dans le cas où la personne décédée appartiendrait au culte protestant ou au culte israélite, le total ci-dessus serait réduit des objets qui, pour ce motif, ne seraient pas demandés.

2° *Cortége.*

16. Un maître des cérémonies.	12	»	12	»
17. Corbillard attelé de deux chevaux, avec la garniture de la première classe.	200	»	200	»
18. Deux caparaçons en drap, ornés d'étoiles et galons en argent.	48	»	48	»
19. Une livrée galonnée en argent pour le cocher.	15	»	15	»
20. Guides argentées.	6	»	6	»
21. Aiguillettes pour le cocher.	5	»	5	»
22. Neuf ou huit voitures drapées, à 20 fr. chacune	180	»	160	»
A reporter. . .	446		446	»

Reports. . .	446	»	416	»
23. Livrées galonnées en argent pour les cochers des voitures, chacune 15 fr.	135	»	120	»
24. Aiguillettes pour les mêmes, chacune, 5 fr. .	45	»	40	»
25. Guides argentées, pour chaque voiture, 6 fr.	54	»	48	»
26. Décors de la voiture du clergé.	25	»	25	»
27. Décors de la voiture de la famille.	25	»	25	»
28. Harnais drapés, pour chaque voiture, 10 fr. .	90	»	80	»
29. Barres ornées pour porter le corps.	6	»	6	»
TOTAL pour le cortége.	846	»	790	»

S'il n'y avait pas d'exposition, on ajouterait aux objets indiqués dans le paragraphe le drap mortuaire, soit 40 fr.

3° *A l'église ou au temple.*

§ 1er. — Portail.

30. Tenture du portail.	40	»	40	»
31. Bandeau frangé et galonné en argent. . . .	24	»	24	»
32. Ornement en argent couronnant la tenture. .	30	»	30	»
33. Une paire de rideaux frangés et galonnés en argent, avec patères et embrasses.	24	»	24	»
34. Draperie à l'antique.	30	»	»	»
TOTAL pour le portail.	148	»	118	»

§ 2. — Tenture intérieure.

35. Tenture.	440	»	440	»
36. Franges et galons à la tenture (3/10 du prix de la tenture), maximum.	132	»	132	»
37. Ornements couronnant la tenture (4/10 du prix de celle-ci), maximum.	176	»	»	»

Le prix indiqué sous les nos 35, 36 et 37, est un maximum établi sur les dimensions de la tenture nécessaire à la décoration de l'église qui comporte l'emploi de la plus grande quantité (la Madeleine) ; mais il sera réduit selon les dimensions de chaque église ou temple, conformément au tableau ci-annexé.

A reporter. . .	748	»	572	»

Reports. . . .	748	»	572	»

38. Couvertures de stalles, chaque stalle 1 fr.; quarante au maximum, ou vingt. . . . . — 40 » — 20 »

39. Tapis de pied, chaque mètre superficiel 50 c., maximum deux cents mètres, ou cent mètres. . . . . — 100 » — 50 »

40. Cinquante chaises garnies, couvertes de housses noires galonnées en fil blanc, à 1 fr. 50 c. chacune. . . . . — 75 » — 75 »

41. Cinquante housses noires galonnées en fil blanc, pour chaises basses, à 75 c. chacune. — 37 50 — 37 50

TOTAL pour la tenture intérieure. . . . — 1,000 50 — 754 50

§ 3. — Catafalque.

42. Grand soubassement avec garniture galonnée en argent, surmonté d'une estrade avec représentation, ou dais avec draperies et rideaux frangés et galonnés en argent, et plumets. . . . . — 200 » — 200 »

Dans les églises ou temples qui ne comportent pas l'emploi du grand soubassement, il pourra être fait usage, soit du petit soubassement, dont le prix est de 150 fr., soit même de l'estrade à trois gradins, dont le prix est de 20 fr., s'il n'y avait place pour le petit soubassement. Le chiffre de 200 fr. ci-dessus serait alors réduit au prix de l'objet fourni.

43. Drap mortuaire, comme dans la première classe. . . . . — 40 » — 40 »

44. Quarante chandeliers argentés garnissant les gradins du soubassement ou du dais. . . . — 40 » — 40 »

45. Quatre cassolettes ou candélabres garnis de flammes. . . . . — 80 » — » »

TOTAL pour le catafalque. . . . — 360 » — 280 »

TOTAL de la 2ᵉ section. . . . — 2,764 50 — 2,285 50

TAXE municipale. . . . . . . — 40 » — 40 »

ARTICLES ET OBJETS SUPPLÉMENTAIRES

SPÉCIAUX DE LA 2ᵉ CLASSE

Iʳᵉ SECTION

CÉRÉMONIE RELIGIEUSE

1° *Personnel.*

1. Un prêtre veilleur de jour et de nuit, pendant vingt-quatre heures. 15   »   »
2. Au delà de vingt-quatre heures, chaque heure.   1   »   »

> Si la conduite a lieu dans un cimetière autre que celui de l'arrondissement de la paroisse du décédé, il sera payé, outre la rétribution allouée à la classe :

3. A chaque prêtre.   2   »   »
4. A chaque enfant de chœur. . . . .   » 50   »
5. A chaque suisse. . . . .   » 50   ».
6. A chaque bedeau. . . . .   » 50   ʌ

> Si la conduite a lieu dans un cimetière autre que ceux de la ville de Paris, et hors de cette ville, il sera payé, outre la rétribution allouée à la classe, lorsque la distance n'excédera pas un myriamètre :

7. A chaque prêtre.   4   »   »
8. A chaque enfant de chœur.   1   »   ʏ
9. A chaque suisse.   1   »   »
0. A chaque bedeau.   1   »   »

> Si la distance excède un myriamètre, il sera traité de gré à gré avec les familles.

2° *Matériel.*

Pour les veilles à la maison mortuaire, lorsque les familles n'auront point commandé de chambre ardente à l'entreprise, il sera payé pour chaque cierge fourni dans la chambre mortuaire :

11. Lorsqu'il s'agira d'un 1/2 kilogramme. . . .   4 »   »
12. Lorsqu'il s'agira de 3/8 de kilogramme. . . .   3 »   ɩ
13. Pour chaque chandelier.. . . . .   1 »   »
14. Pour croix et bénitier. . . . . -   2 »   »
15. Aux convois où l'on demanderait à l'église une classe inférieure à celle demandée à l'entreprise, et dans le cas où la famille réclamerait des cierges supplémentaires au delà du nombre fixé dans la classe, il sera payé pour chaque cierge de 3/8 de kilogr.   3 »   »
16. Si l'on demandait à l'église une classe supérieure, et dans le cas où la famille réclamerait des chandeliers supplémentaires, il sera payé pour chaque chandelier.. . . . .   1 »   »
17. Il sera payé à la fabrique pour une volée d'une cloche à l'*Angelus* du matin et à celui du soir. . . . .   5 »   »
18. Il sera payé à la fabrique pour chaque volée en sus. . . . . , ...   2 50   »

IIᵉ SECTION

SERVICE PAR L'ENTREPRISE.

1° *A la maison mortuaire.*

1. Tenture d'appartement, chaque mètre superficiel.   » 50   »
2. Bandeau frangé et galonné en argent sur la tenture. . . . .   24 »   »
3. Rideaux frangés et galonnés en argent, chaque paire. . . . . . , ...   24 »   »
4. Ornement couronnant la tenture. . . . . . .   24 »   »
5. Pour la menuiserie et la charpente nécessaires à la tenture d'une porte cochère (dans le cas prévu à la 1ʳᵉ classe). . . . .   12 »   »

6. Piédestal pour poser les insignes, chacun. . 12 » »
7. Coussin en velours de soie galonné en argent, pour poser les insignes, et crêpe pour les recouvrir, chacun. . . . . 20 » »
8. Quatre cordons avec glands, pour les coins du drap. . . . . 10 » »
9. Un prie-Dieu garni d'une housse frangée et galonnée en argent, s'il y a un prêtre veilleur. . . . . 24 » »
10. Un fauteuil couvert d'une housse galonnée en argent. . . . . 6 » »
11. Carreau pour s'agenouiller, en drap. . . . . 1 50 »
12. Écusson avec chiffre brodé sur velours, chacun. 12 » »
13. Trophée de drapeaux, chacun. . . . . . . 24 » »
14. Si l'on demandait que les souches prévues dans la classe fussent remplacées par des cierges, il serait payé, pour chaque cierge de cire fine de 1/2 kilogramme. . . . . . 4 » »

____

2° Cortége.

15. Officiers en manteau pour porter les pièces d'honneur, chacun. . . . . 12 » »
16. Hommes de deuil ou valets de pied, chacun 8 » »
17. Chevaux blancs, en sus du prix fixé pour le corbillard . . . . 15 » »
18. Écusson avec chiffre brodé sur velours, chacun . . . . 8 » »
19. Trophée de drapeaux, chacun . . . . 24 » »
20. Loyer d'un cheval de bataille . . . . 40 » »
21. Selle et harnais du cheval . . . . 25 » »
22. Un crêpe frangé pour ledit . . . . 24 » »
23. Deux écuyers . . . . 24 » »
24. Loyer d'un manteau en drap fin ou en voile, chacun . . . . 4 » »

____

3° A l'église ou au temple.

25. Écusson avec chiffre brodé sur velours au portail, chacun . . . . 20 » »
26. Trophée de drapeaux au portail ou à l'intérieur, chacun . . . . 24 » »

27. Écusson avec chiffre brodé sur velours, sur les tentures intérieures, chacun . . . . . . 20 » »
28. Écusson au catafalque, chacun . . . . 8 » »
29. Piédestal pour poser les insignes, chacun . . 12 » »
30. Fauteuils couverts de housses noires galonnées en argent pour les dignitaires, chacun 6 » »
31. Prie-Dieu garni d'une housse frangée et galonnée en argent, avec carreau en drap galonnée en argent, pour les dignitaires, chacun . . . . 24 » »

RÉSUMÉ DE LA 2ᵉ CLASSE

Nᵒ 1.

1ʳᵉ SECTION. Cérémonie religieuse.	Personnel.	233 »		633 »
	Matériel.	400 »		
2ᵉ SECTION. Service par l'entreprise.	A la maison mortuaire.	407 »		2,764 50
	Cortége.	846 »		
	A l'église ou au temple :			
	Portail.	148 »		
	Tenture intérᵉ	1,000 50	1,508 50	
	Catafalque.	360 »		
	TAXE municipale.			40 »
Articles et objets supplémentaires.	De la classe.			*Mémoire.*
	Fournitures réelles.			

TOTAL pour la 2ᵉ classe numéro 1 . . . . 3,434 50

Nᵒ 2.

1ʳᵉ SECTION. Cérémonie religieuse.	Personnel.	233 »		553 »
	Matériel.	320 »		
2ᵉ SECTION. Service par l'entreprise.	A la maison mortuaire.	343 »		2,285 50
	Cortége.	790 »		
	A l'église ou au temple :			
	Portail	148 »		
	Tenture intérᵉ	754 50	1.152 50	
	Catafalque.	280 »		

A reporter. . . 2838 50

	Report. . .	2838 50
	Taxe municipale.	40 »

Articles et objets supplémentaires.
{ De la classe. . . . . }
{ Fournitures réelles. . . . . } Mémoire.

	Total pour la 2ᵉ classe, nᵒ 2.	2,878 50

3ᵉ CLASSE

—

●

1ʳᵉ SECTION

CÉRÉMONIE RELIGIEUSE

—

1ᵉ *Personnel.*

1. Droit curial . . . . ●	6 »	6 »
2. Présence de M. le curé	12 »	12 »
3. Présence de deux vicaires	6 »	6 »
4. Présence de douze prêtres.	27 »	27 »
5. Quatre chantres, à 2 fr. chacun	8 »	8 »
6. Deux serpents, à 2 fr. chacun.	4 »	4 »
7. Quatre clercs, à 1 fr. chacun.	4 »	4 »
8. Six enfants de chœur, à 75 c. chacun . . .	4 50	4 50
9. Un prêtre-sacristain.	2 50	2 50
10. Un régulateur-receveur des convois	6 »	6 »
11. Un garçon de sacristie	1 50	1 50
12. Un suisse	1 50	1 50
13. Un bedeau	1 »	1 »
14. Un porte-croix.	1 50	1 50
15. Honoraires supplémentaires pour le chant dit *contre-point* avec le faux-bourdon, ou le chant en faux-bourdon seul.	60 »	20 »
16. Pour l'orgue.	20 »	20 »
17. Offrande. (L'offrande étant de sa nature volontaire, le chiffre n'en peut être fixé) . .	Mémoire.	Mémoire.

	A reporter. . .	165 50	85 50

Reports. . .	165 50	85 50
18. Grand'messe : le célébrant.	3 50	3 50
19. Diacre et sous-diacre.	3 »	3 »
20. Deux prêtres ou un seul prêtre pour la conduite au cimetière.	16 »	8 »
21. Un enfant de chœur	1 »	1 »
22. Un suisse	1 »	1 »
TOTAL du personnel	190 00	102 00

2° *Matériel.*

23. A l'autel, 12 cierges, cire fine, 3/8 de kilogramme (3/4 de livre), à 8 fr. le kilogramme	36 »	36 »
24. Autour du corps, 24 cierges, cire fine, de 3/8 de kilogramme	72 »	72 »
25. Ornements, chasubles, dalmatiques et chapes	20 »	20 »
26. Tenture du fond de l'autel.	10 »	10 »
27. Devant d'autel, couverture de gradins et tabernacle.	4 »	4 »
28. Croix, bénitier et chandelier.	8 »	8 »
29. Une volée d'une seule cloche à l'entrée du corps.	2 50	2 50
30. Une volée à la sortie.	2 50	2 50
TOTAL du matériel.	155 »	155 »
TOTAL de la 1re section.	345 »	297 »

2e SECTION

SERVICE PAR L'ENTREPRISE

—

1° *A la maison mortuaire.*

1. Tenture de la porte.	36 »	36 »
2. Bandeau frangé et galonné en argent à la tenture.	24 »	24 »
3. Une paire de rideaux frangés et galonnés en argent, avec patères et embrasses.	24 »	24 »
A reporter. . . .	84 »	84 »

Reports. . .	84	»	84	»
4. Ornement en argent couronnant la tenture. .	24	»	24	»
5. Estrade à deux gradins et tapis.	18	»	18	»
6. Drap mortuaire en velours de soie, bordé de galons et franges à torsades en argent. .	30	»	30	»
7. Douze chandeliers argentés.	12	»	12	»
8. Douze souches garnies de la bougie nécessaire pour le temps de l'exposition.	12	»	12	»
9. Croix et bénitier argentés.	3	»	3	»
10. Socle orné avec housse en drap orné d'étoiles, franges et galons en argent, pour poser le bénitier.	12	»	12	»
11. Coussin en velours ou en drap galonné en argent pour poser le crucifix.	10	»	6	»
12. Pièce de fond à croix, galonnée en argent. .	8	»	8	»
TOTAL de la maison mortuaire. . .	213	»	185	»

Dans le cas où la personne décédée appartiendrait au culte protestant ou au culte israélite, le total ci-dessus serait réduit des objets qui, pour ce motif, ne seraient pas demandés.

2° Cortége.

13. Un maître des cérémonies.	12	»	12	»
14. Corbillard à galerie bronzée, à plumets, avec garniture en drap noir, ornée d'étoiles, franges et galons en argent, attelage à deux chevaux avec plumets.	120	»	120	»
15. Deux caparaçons en drap noir, ornés d'étoiles et galonnés en argent.	48	»	48	»
16. Une livrée galonnée en argent pour le cocher.	15	»	15	»
17. Guides argentées.	6	»	6	»
18. Aiguillettes pour le cocher.	5	»	5	»
19. Voitures. { Quatre ou trois drapées, à 20 fr. chacune. . . 80 » / Trois vernies, à 15 fr. . 45 » }	125	»	105	»
20. Aiguillettes pour les cochers de voiture, chacune 5 fr.	35	»	30	»
A reporter. . . .	354	»	340	»

Reports. . .	354	»	340	»
21. Guides argentées, pour chaque voiture, 6 fr.	42	»	»	»
22. Barres ornées pour porter le corps.	6	»	6	»
TOTAL pour le cortége.	414	»	347	»

S'il n'y avait point d'exposition, on ajouterait aux objets indiqués dans le paragraphe le drap mortuaire, soit 30 fr.

3° *A l'église ou au temple.*

§ 1er. — Portail.

23. Tenture.	24	»	24	»
24. Bandeau frangé et galonné en argent. . . .	24	»	24	»
25. Ornement en argent couronnant la tenture. .	30	»	30	»
26. Une paire de rideaux frangés et galonnés en argent, avec patères et embrasses.	24	»	24	»
TOTAL pour le portail.	102	»	102	»

§ 2. — Tenture intérieure.

27. Tenture.	440	»	440	»
28. Franges et galons à la tenture (3/10 du prix de la tenture), maximum.	132	»	»	»

Le prix indiqué sous les numéros 27 et
28 est un maximum établi sur les dimensions de la tenture nécessaire à la décoration de l'église qui comporte l'emploi de la
plus grande quantité (la Madeleine) ; mais
il sera réduit selon les dimensions de chaque église ou temple, conformément au
tableau ci-annexé.

29. Tapis de pied, chaque mètre superficiel, 50 c.; maximum, cent mètres.	50	»	»	»
30. Cinquante housses noires galonnées en fil blanc pour chaises ordinaires, à 75 c. cha- cune.	37	50	37	50
A reporter. . .	659	50	477	50

Reports	659	50	477	50

31. Cinquante housses noires galonnées en fil blanc, pour chaises basses. 37 50   37 50

TOTAL pour la tenture intérieure. . .   697 »   515 »

§ 3. Catafalque.

32. Petit soubassement, avec garniture ornée de galons et broderies en argent, surmonté de l'estrade, ou dais avec draperies et rideaux frangés et galonnés en argent. . . . . . .   150 »   150 »

    Dans les églises ou temples qui ne comportent pas l'emploi du petit soubassement, il pourra être fait usage de l'estrade à trois gradins, dont le prix est de 20 fr. Le chiffre de 150 fr. ci-dessous serait alors réduit au prix de l'objet fourni.

33. Drap mortuaire en velours de soie, à croix, brodé de franges à torsades et galons en argent. . . . .   40 »   40 »
34. Vingt-quatre chandeliers argentés. . . . .   24 »   24 »

TOTAL pour le catafalque. . . . . .   214 »   214 »

TOTAL de la 2ᵉ section. . . . . .   1,640 »   1,363 »

TAXE municipale. . . . .   30 »   30 »

ARTICLES ET OBJETS SUPPLÉMENTAIRES

SPÉCIAUX DE LA 3ᵉ CLASSE

—

1ʳᵉ SECTION

CÉRÉMONIE RELIGIEUSE

—

1° *Personnel.*

1. Un prêtre veilleur, de jour et de nuit, pendant vingt-quatre heures. . . . . 15 » »
2. Au-delà des vingt-quatre heures, chaque heure. . . . . 1 » »

Si la conduite a lieu dans un cimetière autre que celui de l'arrondissement de la paroisse du décédé, il sera payé, outre la rétribution allouée à la classe :

3. A chaque prêtre. . . . . 2 » »
4. A chaque enfant de chœur. . . . . » 50 »
5. A chaque suisse. . . . . » 50 »
6. A chaque bedeau. . . . . » 50 »

Si la conduite a lieu dans un cimetière autre que ceux de la ville de Paris et hors de cette ville, il sera payé, outre la rétribution allouée à la classe, lorsque la distance n'excédera pas un myriamètre :

7. A chaque prêtre. . . . . 4 » »
8. A chaque enfant de chœur. . . . . 1 » »
9. A chaque suisse. . . . . 1 » »
10. A chaque bedeau. . . . . 1 » »

Si la distance excède un myriamètre, il sera traité de gré à gré avec les familles.

2° *Matériel.*

Pour les veilles à la maison mortuaire, lorsque les familles n'auront point commandé de chambre ardente à l'entreprise, il sera payé, pour chaque cierge fourni dans la chambre mortuaire :

11. Lorsqu'il s'agira d'un 1/2 kilogramme. . . .   4   »   »
12. Lorsqu'il s'agira de 3/8 de kilogramme. . . .   3   »   »
13. Chaque chandelier.   1   »   »
14. Pour croix et bénitier.   2   »   »
15. Aux convois où l'on demanderait à l'église une classe inférieure à celle demandée à l'entreprise, et dans le cas où la famille réclamerait des cierges supplémentaires au delà du nombre fixé dans la classe, il sera payé, pour chaque cierge de 3/8 de kilogramme.   3   »   »
16. Si l'on demandait à l'église une classe supérieure, et dans le cas où la famille réclamerait des chandeliers supplémentaires, il sera payé, pour chaque chandelier. . .   1   »   »
17. Il sera payé à la fabrique, pour une volée d'une cloche, à l'*Angelus* du matin et à celui du soir.   5   »   »
18. Pour chaque volée en sus. . . . .   2 50   »

2ᵉ SECTION

SERVICE PAR L'ENTREPRISE

—

1° *A la maison mortuaire.*

1. Pour la menuiserie et la charpente nécessaires à la tenture d'une porte cochère (dans le cas prévu aux classes précédentes)   9   »   »
2. Piédestal pour poser les insignes, chacun. . .   12   »   »
3. Coussin en velours de soie galonné en argent pour les insignes, et crêpe pour les recouvrir, chacun.   20   »   »
4. Quatre cordons avec glands pour tenir les coins du drap.   10   »   »

5. Écusson avec chiffre brodé sur velours, chacun   12   »   »
6. Trophée de drapeaux, chacun   24   »   »
7. Si l'on demandait que les souches prévues dans la classe fussent remplacées par des cierges, il serait payé, pour chaque cierge de cire fine de 1/2 kilogramme. . . . . .   3 50   »

2° *Cortége.*

8. Officiers en manteau pour porter les pièces d'honneur, chacun . . . , ...   12   »   »
9. Hommes de deuil ou valets de pied, chacun   8   »   »
10. Chevaux blancs en sus du prix fixé pour le corbillard   15   »   »
11. Écusson avec chiffre brodé sur velours, chacun   8   »   »
12. Trophée de drapeaux, chacun   24   »   »
13. Loyer d'un cheval de bataille   40   »   »
14. Selle et harnais du cheval   25   »   »
15. Crêpe frangé pour ledit   24   »   »
16. Deux écuyers   24   »   »
17. Loyer d'un manteau en drap fin ou en voile, chacun   4   »   »

3° *A l'église ou au temple.*

18. Écusson avec chiffre brodé sur velours aux tentures extérieures et intérieures, chacun   20   »   »
19. Écusson avec chiffre brodé sur velours au catafalque, chacun   8   »   »
20. Trophée de drapeaux à l'intérieur, chacun. .   24   »   »
21. Piédestal pour poser les insignes, chacun. .   12   »   »

RÉSUMÉ DE LA 3ᵉ CLASSE

N° 1.

1ʳᵉ SECTION. Cérémonie religieuse.			
Personnel.	190	»	
Matériel.	155	»	345 »

A reporter. . .   345 »

Report. . . . 345 »

2e SECTION.
Service par l'entreprise.

A la maison mortuaire. . 213 »
Cortége. . . . . 414 »
A l'église ou au temple :
Portail. . . . . 102 »
Tenture intér.re 697 » } 1,043 »
Catafalque. . . 214 » } 1,640 »

TAXE municipale. . . . 30 »

Articles et objets supplémentaires.

De la classe. . . . .
Fournitures réelles. . . . . } Mémoire.

TOTAL pour la 3e classe, n° 1. . . 2,015 »

N° 2.

1re SECTION. Cérémonie religieuse.

Personnel. . . . . 142 »
Matériel. . . . . 155 » } 297 »

2e SECTION.
Service par l'entreprise.

A la maison mortuaire. . 185 »
Cortége. . . . . 347 »
A l'église ou au temple :
Portail. . . . . 102 »
Tenture intér.re 515 » } 831 »
Catafalque. . . 214 » } 1,363 »

TAXE municipale. . . . 30 »

Articles et objets supplémentaires.

De la classe. . . . .
Fournitures réelles. . . . . } Mémoire.

TOTAL pour la 3e classe, n° 2. . . 4,690 »

4ᵉ CLASSE

TARIF DE LA CLASSE

—

1ʳᵉ SECTION

CÉRÉMONIE RELIGIEUSE

—

1° *Personnel.*

1. Droit curial.	6 »	6 »
2. Présence de M. le curé.	8 »	8 »
3. Présence de deux vicaires.	6 »	6 »
4. Présence de dix prêtres.	22 50	22 50
5. Deux chantres, à 2 fr. chacun.	4 »	4 »
6. Un serpent.	2 »	2 »
7. Quatre enfants de chœur, à 50 cent.	2 »	2 »
8. Un prêtre sacristain.	2 25	2 25
9. Un régulateur-receveur des convois.	5 »	5 »
10. Un garçon de sacristie.	1 »	1 »
11. Un suisse.	1 »	1 »
12. Un bedeau.	1 »	1 »
13. Un porte-croix.	1 »	1 »
14. Honoraires supplémentaires pour le chant dit *contre-point*, avec le faux-bourdon, ou pour le faux-bourdon seul.	60 »	20 »
15. Offrande. (L'offrande étant de sa nature volontaire, le chiffre n'en peut être fixé).	*Mémoire.*	*Mémoire.*
16. Grand'messe : le célébrant.	3 »	3 »
17. Diacre et sous-diacre.	2 »	2 »
18. Un prêtre pour la conduite au cimetière.	8 »	8 »
19. Un enfant de chœur.	1 »	1 »
20. Un bedeau.	1 »	1 »
TOTAL du personnel.	**136 75**	**96 75**

2° *Matériel.*

21. A l'autel, dix cierges cire fine, de 3/8 de kilogramme (3/4 de livre), à 8 fr. le kilogr. . .	30	»	30	»
22. Autour du corps, seize cierges, cire fine, de 3/8 de kilogramme.	48	»	48	»
23. Ornements, chasubles, dalmatiques, etc. . .	18	»	18	»
24. Devant d'autel.	4	»	4	»
25. Croix, bénitiers, chandeliers d'autel.	8	»	8	»
26. Une volée d'une seule cloche à l'entrée du corps.	2 50		»	»
27. Une volée à la sortie.	2 50		»	»
TOTAL du matériel.	113	»	108	»
TOTAL de la 1re section.	249 75		204 75	

2e SECTION

SERVICE PAR L'ENTREPRISE

—

1° *A la maison mortuaire.*

1. Tenture de la porte.	18	»	18	»
2. Bandeau frangé et galonné en fil, à la tenture.	12	»	12	»
3. Une paire de rideaux frangés en fil, avec patères et embrasses.	12	»	12	»
4. Ornement couronnant la tenture.	12	»	12	»
5. Estrade à deux gradins et tapis.	9	»	9	»
6. Dix chandeliers argentés.	10	»	10	»
7. Dix souches garnies de la bougie nécessaire pour de temps de l'exposition.	10	»	10	»
8. Croix et bénitier argentés.	2	»	2	»
9. Drap mortuaire en drap parsemé d'étoiles, galonné et frangé en argent.	15	»	15	»
A reporter. . .	100	»	100	»

Reports	100 »	100 »
10. Socle avec housse en drap, frangée et galon- née, pour poser le bénitier.	6 »	6 »
11. Coussin en drap galonné en argent, pour po- ser le crucifix.	6 »	» »
12. Pièce de fond à croix galonnée en argent. .	5 »	5 »
TOTAL de la maison mortuaire. .	117 »	111 »

Dans le cas où la personne décédée appartiendrait au culte protestant ou au culte
israélite, le total ci-dessus serait réduit des
objets qui, pour ce motif, ne seraient pas
demandés.

2° *Cortége.*

13. Un maître des cérémonies.	8 »	8 »
14. Corbillard à galerie bronzée, avec garniture en drap noir, frangée et galonnée en ar- gent; attelage à deux chevaux.	80 »	80 »
15. Deux caparaçons en drap noir galonné en ar- gent.	30 »	30 »
16. Une livrée galonnée en argent pour le co- cher.	15 »	15 »
17. Aiguillettes pour le cocher.	5 »	» »
18. Guides argentées.	6 »	6 »
19. Voitures. { Deux drapées, à 20 fr. chacune. . . . . . . 40 » / Trois ou deux vernies, à 15 fr. chacune. . . . 45 » }	85 »	70 »
20. Aiguillettes pour les cochers des voitures, chacun 5 fr.	25 »	» »
21. Barres ornées pour porter le corps.	6 »	» »
TOTAL pour le cortége.	260 »	209 »

S'il n'y avait point d'exposition, on ajouterait aux objets indiqués dans le paragraphe le drap mortuaire, soit 15 fr.

3° *A l'église ou au temple.*

§ 1ᵉʳ. — Portail.

22. Tenture . . . . 15 »   15 »
23. Bandeau frangé et galonné en fil . . . . 12 »   12 »
24. Ornement couronnant la tenture. . . . . . . 15 »   15 »
25. Une paire de rideaux frangés et galonnés en fil, avec patères et embrasses . . . . 12 »   12 »

         TOTAL pour le portail . . . . . 54 »   54 »

§ 2. — Tenture intérieure.

26. Tenture . . . . 240 »   240 »
27. Franges et galons à la tenture (3/10 du prix de la tenture), maximum . . . . 72 »   » »

Le prix indiqué sous les numéros 26 et 27 est un maximum établi sur les dimensions de la tenture nécessaire à la décoration de l'église qui comporte l'emploi de la plus grande quantité (la Madeleine); mais ils seront réduits selon les dimensions de chaque église ou temple, conformément au tableau ci-annexé.

28. Quarante housses noires galonnées, pour chaises ordinaires, à 75 cent. chacune . . 30 »   » »

         TOTAL pour la tenture intérieure . . . 342 »   240 »

2° *Catafalque.*

29. Estrade à trois gradins avec tapis et représentation . . . . 20 »   20 »
30. Drap mortuaire à croix, ou drap noir orné d'étoiles brodées, franges et galons en argent. 20 »   20 »
31. Seize chandeliers argentés. . . . . 16 »   16 »

         TOTAL pour le catafalque . . . 56 »   56 »

         TOTAL de la 2ᵉ section . . . . . 829 »   670 »

         TAXE municipale . . . . 30 »   30 »

ARTICLES ET OBJETS SUPPLÉMENTAIRES

SPÉCIAUX DE LA 4ᵉ CLASSE

—

1ʳᵉ SECTION

CÉRÉMONIE RELIGIEUSE

—

1° Personnel.

1. Un prêtre veilleur, de jour et de nuit, pendant vingt-quatre heures.   15   »   »
2. Au delà de vingt-quatre heures, chaque heure.   1   »   »

> Si la conduite a lieu dans un cimetière autre que celui de l'arrondissement de la paroisse du décédé, il sera payé, outre la rétribution allouée à la classe :

3. Au prêtre . . . . , ...   2   »   »
4. A l'enfant de chœur . . . .   » 50   »
5. Au suisse ou bedeau . . . .   » 50   »

> Si la conduite a lieu dans un cimetière autre que ceux de la ville de Paris et hors de cette ville, il sera payé, outre la rétribution allouée à la classe, lorsque la distance n'excédera pas un myriamètre :

6. Au prêtre   4   »   »
7. A l'enfant de chœur   1   »   »
8. Au suisse ou bedeau.   1   »   »

> Si la distance excède un myriamètre, il sera traité de gré à gré avec les familles.

2° *Matériel.*

Pour les veilles à la maison mortuaire,
lorsque les familles n'auront point commandé de chambre ardente à l'entreprise,
il sera payé, pour chaque cierge fourni
dans la chambre mortuaire :

9. Lorsqu'il s'agira d'un 1/2 kilogramme	4	»	»
10. *Idem* de 3/8 de kilogramme . . .	3	»	»
11. Pour chaque chandelier	1	»	»
12. Pour croix et bénitier	2	»	»
13. Aux convois où l'on demanderait à l'église une classe inférieure à celle demandée à l'entreprise, et dans le cas où la famille réclamerait des cierges supplémentaires au delà du nombre fixé dans la classe, il sera payé, pour chaque cierge de 3/8 de kilo-gramme.	3	»	»
14. Si l'on demandait à l'église une classe supé-rieure, et dans le cas où la famille récla-merait des chandeliers supplémentaires, il sera payé, pour chaque chandelier	1	»	»
15. Il sera payé à la fabrique, pour une volée d'une cloche à l'*Angelus* du matin et à celui du soir	5	»	»
16. Pour chaque volée en sus	2 50		»

2e SECTION

SERVICE PAR L'ENTREPRISE

1° *A la maison mortuaire.*

1. Pour la menuiserie et la charpente nécessaires à la tenture d'une porte cochère (dans le cas prévu aux classes précédentes)	9	»	»
2. Piédestal pour les insignes.	12	»	»
3. Coussin en drap galonné en argent pour poser les insignes, et crêpe pour les recouvrir, chacun	12	»	»

4. Quatre cordons avec glands pour tenir les
coins du drap . . . .   10 »   »
5. Écusson avec chiffre brodé sur drap, chacun   8 »   »
6. Trophées de drapeau en laine, chacun . . .   12 »   »
7. Si l'on demandait que les souches prévues
dans la classe fussent remplacées par des
cierges, il serait payé pour chaque cierge
de cire ordinaire de 1/2 kilogramme . . .   3 50   »

2° *Cortége.*

8. Un officier en manteau pour porter les pièces
d'honneur . . . .   8 »   »
9. Hommes de deuil, chacun . . . .   4 »   »
10. Chevaux blancs, en sus du prix fixé pour le
corbillard . . . .   12 »   »
11. Écusson avec chiffre brodé sur drap, chacun   6 »   »
12. Trophée de drapeaux en laine, chacun . . .   12 »   »
13. Loyer d'un manteau en drap fin ou en voile,
chacun . . . .   4 »   »

3° *A l'église ou au temple.*

14. Écusson avec chiffre brodé sur drap aux tentures extérieures et intérieures, chacun . .   12 »   »
15. Écusson avec chiffre brodé sur drap, au catafalque. . . . .   6 »   »
16. Trophée de drapeaux en laine, à l'intérieur,
chacun. . . . .   12 »   »
17. Piédestal pour poser les insignes. . . . . .   12 »   »

RÉSUMÉ DE LA 4ᵉ CLASSE.

N° 1.

1ʳᵉ SECTION. Cérémonie religieuse.	Personnel.	136 75	249 75
	Matériel.	113 »	

A reporter. . .   249 75

			Report. . . .	249 75

2ᵉ SECTION. Service par l'entreprise.	A la maison mortuaire. .	147 »		829 »
	Cortége.	260 »		
	A l'église ou au temple :			
	Portail . . . . . 54 »		452 »	
	Tenture intér. 342 »			
	Catafalque. . . . 56 »			

TAXE municipale.   30 »

ARTICLES et objets supplémentaires.	De la classe.		*Mémoire.*
	Fournitures réelles.		

TOTAL pour la 4ᵉ classe, nᵒ 1. . . . .   1,108 75

Nᵒ 2.

1ʳᵉ SECTION. Cérémonie religieuse.	Personnel.	96 75		204 75
	Matériel.	108 »		

2ᵉ SECTION. Service par l'entreprise.	A la maison mortuaire. .	111 »		670 »
	Cortége.	209 »		
	A l'église ou au temple :			
	Portail. . . . . 54 »		350 »	
	Tenture intér. 240 »			
	Catafalque. . . . 56 »			

TAXE municipale.   30 »

ARTICLES et objets supplémentaires.	De la classe.		*Mémoire.*
	Fournitures réelles		

TOTAL pour la 4ᵉ classe, nᵒ 2. . . . .   904 75

5ᵉ CLASSE

TARIF DE LA CLASSE

—

Iʳᵉ SECTION

CÉRÉMONIE RELIGIEUSE

—

1° Personnel.

1. Droit curial.	5 »	5 »
2. Présence de M. le curé.	5 »	5 »
3. Présence de deux vicaires.	5 »	5 »
4. Présence de six prêtres.	13 50	13 50
5. Deux chantres à 2 fr.	4 »	4 »
6. Un serpent.	2 »	2 »
7. Quatre enfants de chœur, à 50 c.	2 ».	2 »
8. Un prêtre sacristain.	2 25	2 25
9. Un régulateur-receveur des convois.	4 »	4 ».
10. Un garçon de sacristie.	1 »	1 »
11. Un suisse.	1 »	1 »
12. Un bedeau.	1 »	1 »
13. Un porte-croix.	1 »	1 »
14. Honoraires supplémentaires pour le faux-bourdon. . . . . , ...	20 »	» »
15. Offrande. (L'offrande étant de sa nature volontaire, le chiffre n'en peut être fixé.). . .	*Mém.*	*Mém.*
16. Grand'messe : le célébrant.	3 »	3 »
17. Diacre et sous-diacre.	2 »	2 »
18. Un prêtre pour la conduite au cimetière. . .	8 »	8 »
19. Un enfant de chœur.	1 »	1 »
20. Un bedeau.	1 »	1 »
TOTAL du personnel.	81 75	61 75

2° *Matériel.*

21. A l'autel, 6 cierges cire fine, de 3/8 de kilog. (3/4 de livre) à 8 fr. le kilogramme. . . .	18 »	18 »
22. Autour du corps, 12 cierges, cire fine, de 3/8 de kilogramme.	36 »	36 »
23. Ornements, chasubles et dalmatiques. . . .	14 50	14 50
24. Devant d'autel.	4 »	4 »
25. Chandeliers d'autel, croix et bénitier. . . .	7 50	7 50
TOTAL pour le matériel. . . .	80 »	80 »
TOTAL de la 1re section.	161 75	141 75

IIe SECTION

SERVICE PAR L'ENTREPRISE

—

1° *A la maison mortuaire.*

1. Tenture de la porte.	18 »	18 »
2. Bandeau frangé et galonné en fil, à la tenture.	10 »	10 »
3. Une paire de rideaux frangés et galonnés en fil avec patères et embrasses.	12 »	» »
4. Estrade à deux gradins et tapis.	9 »	9 »
5. Drap mortuaire en drap noir bordé de franges et de galons d'argent.	9 »	9 »
6. Coussin en drap galonné en argent pour poser le crucifix.	6 »	» »
7. Huit chandeliers argentés.	8 »	8 »
8. Huit souches.	8 »	8 »
9. Croix et bénitier argentés.	2 »	2 »
10. Socle avec housse en drap, frangée et galonnée en argent, pour poser le bénitier.	6 »	6 »
11. Pièce de fond à croix galonnée en argent. .	5 »	5 »
TOTAL de la maison mortuaire. . . .	93 »	75 »

Dans le cas où la personne décédée appartiendrait au culte protestant ou au culte israélite, le total ci-dessus serait réduit des objets qui, pour ce motif, ne seraient pas demandés.

2° *Cortége.*

12. Corbillard à galerie bronzée, les panneaux drapés, la garniture et les housses de chevaux frangées et galonnées en argent, attelage à deux chevaux.	38 »	38 »
13. Une livrée galonnée en argent pour le cocher.	15 »	» »
14. Guides argentées.	6 »	» »
15. Trois voitures. . { deux drapées à 20 fr. . . ; une vernie à 15 fr.	55 »	» »
ou une voiture drapée seulement. . . .	» »	20 »
TOTAL pour le cortége.	114 »	58 »

S'il n'y avait point d'exposition, on ajouterait aux objets indiqués dans le paragraphe le drap mortuaire, soit 9 fr.

3° *A l'église ou au temple.*

§ 1er. — Portail.

16. Tenture.	15 »	15 »
17. Bandeau frangé et galonné en fil à la tenture.	10 »	10 »
18. Une paire de rideaux frangés et galonnés en fil avec patères et embrasses.	12 »	» »
TOTAL pour le portail.	37 »	25 »

§ 2. — Tenture intérieure.

19. Tenture. . . . . , ...	100 »	» »

Le prix indiqué sous les numéros 39, 40 et 41 est un maximum établi sur les dimensions de la tenture nécessaire à la décoration de l'église qui comporte l'emploi de la plus grande quantité (la Madeleine);

Reports. . . . 100 » » »

mais il sera réduit selon les dimensions de
chaque église ou temple, conformément au
tableau ci-annexé.

TOTAL de la tenture intérieure. . 100 » » »

§ 3. — Catafalque.

20. Estrade à deux gradins avec représentation et
tapis. . . . . 9 » 9 »
21. Drap mortuaire à croix en drap noir frangé
et galonné en argent . . . . 15 » 15 »
22. Douze chandeliers argentés. . . . . 12 » 12 »

TOTAL pour le catafalque. . . . . . 36 » 36 »

TOTAL de la 2ᵉ section. . . . . . . 380 » 194 »

TAXE municipale. . . . . 20 » 20 »

ARTICLES ET OBJETS SUPPLÉMENTAIRES

SPÉCIAUX DE LA 5ᵉ CLASSE

—

1ʳᵉ SECTION

CÉRÉMONIE RELIGIEUSE

—

1° Personnel.

1. Un prêtre veilleur de jour et de nuit pendant
vingt-quatre heures. . . . . 15 » »

Si la conduite a lieu dans un cimetière
autre que celui de l'arrondissement de la
paroisse du décédé, il sera payé, outre la
rétribution allouée à la classe :

2. Au delà de vingt-quatre heures, chaque heure.   1   »   »

3. Au prêtre.   2   »   »

4. A l'enfant de chœur. . . . .   » 50   »

5. Au suisse et au bedeau. . . . .   » 50   »

Si la conduite a lieu dans un cimetière autre que ceux de la ville de Paris et hors de cette ville, il sera payé, outre la rétribution allouée à la classe, lorsque la distance n'excédera pas un myriamètre :

6. Au prêtre.   4   »   »

7. A l'enfant de chœur.   1   »   »

8. Au suisse et au bedeau.   1   »   »

Si la distance excède un myriamètre, il sera traité de gré à gré avec les familles.

2° Matériel.

Pour les veilles à la maison mortuaire, lorsque les familles n'auront point commandé de chambre ardente à l'entreprise, il sera payé pour chaque cierge fourni dans la chambre mortuaire :

9. Lorsqu'il s'agira d'un 1/2 kilogramme. . . .   1   »   »

10. Lorsqu'il s'agira de 3/8 de kilogramme. . . .   3   »   »

11. Pour chaque chandelier.   1   »   »

12. Pour croix et bénitier.   2   »   »

13. Aux convois où l'on demanderait à l'église une classe inférieure à celle demandée à l'entreprise, et dans le cas où la famille réclamerait des cierges supplémentaires au delà du nombre fixé dans la classe, il sera payé pour chaque cierge de 3/8 de kilogramme.   3   »   »

14. Si l'on demandait à l'église une classe supérieure, et dans le cas où la famille réclamerait des chandeliers supplémentaires, il sera payé pour chaque chandelier.   1   »   »

15. Il sera payé à la fabrique, pour une volée d'une cloche à l'*Angelus* du matin et à celui du soir. . . . . 5 » »
16. Pour chaque volée en sus. . . . . 2 50 »

2ᵉ SECTION

SERVICE PAR L'ENTREPRISE

1° *A la maison mortuaire.*

1. Pour la menuiserie et la charpente nécessaires à la tenture d'une porte cochère (dans le cas prévu aux classes précédentes). 6 » »
2. Coussin en drap bordé en argent pour les pièces d'honneur, et crêpe pour les recouvrir. . . . . 10 » »
3. Quatre glands pour les coins du drap. . . . . 10 » »
4. Écusson avec chiffre brodé sur drap, chacun. 8 » »
5. Si l'on demandait que les souches prévues dans la classe fussent remplacées par des cierges, il serait payé, pour chaque cierge de cire ordinaire de 1/2 kilog. . . . . . . 3 50 »

2° *Cortége.*

6. Hommes de deuil, chacun. . . . . 4 » »
7. Chevaux blancs, en sus du prix fixé pour le corbillard. . . . . 12 » »
8. Écussons avec chiffre brodé sur drap, au corbillard, chacun. . . . . 6 » »
9. Loyer d'un manteau en drap fin ou en voile, chacun. 4 » »

3º A l'église ou au temple.

10. Écussons avec chiffre brodé sur drap, aux tentures extérieures et intérieures, chacun. .   12 »   »
11. Écusson au catafalque. . . . .   6 »   »
12. Piédestal pour poser les insignes. . . . . . .   12 »   »

RÉSUMÉ DE LA 5e CLASSE

Nº 1.

1re SECTION. Cérémonie religieuse.	Personnel.	81 75	161 75
	Matériel.	80 »	
2e SECTION. Service par l'entreprise.	A la maison mortuaire. .	93 »	380 »
	Cortége.	114 »	
	A l'église ou au temple :		
	Portail. . . . . . 37 »		
	Tenture intére. . 100 » } 173 »		
	Catafalque. . . . 36 »		
TAXE municipale.			20 »
ARTICLES et objets supplémentaires.	De la classe.		Mémoire.
	Fournitures réelles.		

TOTAL pour la 5e classe, nº 1. . . . .   561 75

Nº 2.

1re SECTION. Cérémonie religieuse.	Personnel.	61 75	141 75
	Matériel.	80 »	
2e SECTION. service par l'entreprise.	A la maison mortuaire. .	75 »	194 »
	Cortége.	58 »	
	A l'église ou au temple :		
	Portail. . . . . . 25 »		
	Tenture intére. . » » } 61 »		
	Catafalque. . . . 36 »		
TAXE municipale.			20 »

<table>
<tr><td>ARTICLES
et objets
supplémentaires.</td><td>{ De la classe. . . . . }
{ Fournitures réelles. . . . . }</td><td>} Mémoire.</td></tr>
</table>

TOTAL pour la 5e classe, n° 2. . . . . **355 75**

6me **CLASSE**

TARIF DE LA CLASSE

—

1re SECTION

CÉRÉMONIE RELIGIEUSE

—

1° *Personnel.*

1. Droit curial.	4	»	4	»
2. Présence de M. le curé.	3	»	3	»
3. Présence d'un vicaire.	2	50	2	50
4. Présence de quatre prêtres.	8	»	8	»
5. Deux chantres à 1 fr. 50 c. chacun.	3	»	3	»
6. Un serpent.	2	»	2	»
7. Deux enfants de chœur.	1	»	1	»
8. Un prêtre sacristain.	2	»	2	»
9. Un régulateur-receveur des convois.	3	»	3	»
10. Un garçon de sacristie.	»	75	»	75
11. Un suisse.	»	75	»	75
12. Un bedeau.	»	75	»	75
13. Un porte-croix.	»	75	»	75
14. Messe chantée sans diacre ni sous-diacre. .	3	»	3	»
15. Un prêtre pour la conduite au cimetière. . .	8	»	8	»
16. Un enfant de chœur.	1	»	»	»
17. Un bedeau.	1	»	»	»

TOTAL du personnel. **44 50** **34 50**

2° *Matériel*.

18. Six cierges à l'autel.	6 »	6 »
19. Six cierges autour du corps avec les chande- liers.	6 »	6 »
20. Ornements, etc.	3 »	3 »
21. Croix, bénitier, chandeliers d'autel et repré- sentation.	2 »	2 »
Total pour le matériel.	17 »	17 »
Total de la 1ʳᵉ section.	64 50	54 50

2ᵉ SECTION

SERVICE PAR L'ENTREPRISE

—

1° *A la maison mortuaire*.

1. Tenture de la porte.	15 »	15 »
2. Bandeau frangé et galonné en fil à la tenture.	6 »	» »
3. Estrade simple.	6 »	6 »
4. Drap mortuaire en drap noir bordé de fran- ges et galons d'argent.	8 »	8 »
(Ce drap servira tant à la maison mor- tuaire qu'à l'église et au cortége.)		
5. Six chandeliers argentés.	6 »	6 »
6. Six souches garnies de la bougie nécessaire pour le temps de l'exposition.	6 »	6 »
7. Croix et bénitier argentés.	2 »	2 »
8. Socle avec housse pour poser le bénitier. . .	3 »	3 »
9. Pièce de fond à croix galonnée en argent. .	3 »	3 »
Total de la maison mortuaire. .	55 »	49 »

Dans le cas où la personne décédée appartiendrait au culte protestant ou au culte

sraélite, le total sera réduit des objets
qui, pour ce motif, ne seraient pas demandés.

2° *Cortége.*

10. Corbillard sans galerie, à panneaux vernis
avec garnitures et housses de chevaux fran-
gées et galonnées en argent.   27   »   27   »

> Pour un enfant décédé à l'âge de 7 ans,
> ou au-dessous de cet âge, le corbillard
> pourra être remplacé par le brancard orné
> n° 1, dont le prix est de 20 fr. Dans ce cas,
> la section du cortége sera réduite à ladite
> somme de 20 fr., et la voiture supprimée.

11. Une voiture vernie.   15   »   »   »

TOTAL pour le cortége . . .   42   »   27   »

> S'il n'y avait pas d'exposition, on ajoute-
> rait aux objets indiqués dans le paragraphe
> le drap mortuaire, soit 8 fr.

3° *A l'église ou au temple.*

12. Tenture du portail   12   »   »   »

TOTAL pour l'église ou le temple   12   »   »   »

TOTAL de la 2ᵉ section   109   »   76   »

TAXE municipale.   15   »   15   »

ARTICLES ET OBJETS SUPPLÉMENTAIRES

SPÉCIAUX DE LA 6e CLASSE

—

1re SECTION

CÉRÉMONIE RELIGIEUSE

—

1e *Personnel.*

1. Un prêtre veilleur de jour et de nuit pendant vingt-quatre heures. . . . .   15 »   »
2. Au delà de 24 heures, chaque heure . . . . .   1 »   »

Si la conduite a lieu dans un cimetière autre que celui de l'arrondissement de la paroisse du décédé, il sera payé, outre la rétribution allouée à la classe :

3. Au prêtre . . . .   2 »   »
4. A l'enfant de chœur . . . .   » 50   »
5. Au suisse ou bedeau. . . . .   » 50   »

Si la conduite a lieu dans un cimetière autre que ceux de la ville de Paris et hors de cette ville, il sera payé, outre la rétribution allouée à la classe, lorsque la distance n'excédera pas un myriamètre :

6. Au prêtre . . . .   4 »   »
7. A l'enfant de chœur . . . .   1 »   »
8. Au suisse ou bedeau. . . . .   1 »   »

Si la distance excède un myriamètre, il sera traité de gré à gré avec les familles.

2° *Matériel.*

Pour les veilles à la maison mortuaire,

lorsque les familles n'auront point commandé de chambre ardente à l'entreprise,
il sera payé pour chaque cierge fourni dans
la chambre mortuaire :

9. Lorsqu'il s'agira de 1/2 kilogramme   4   »   »
10. Lorsqu'il s'agira de 3/8 de kilogramme. . . .   3   »   »
11. Pour chaque chandelier   1   »   »
12. Pour croix et bénitier   2   »   »
13. Aux convois où l'on demanderait à l'église
une classe inférieure à celle demandée à
l'entreprise, et dans le cas où la famille
réclamerait des cierges supplémentaires au
delà du nombre fixé dans la classe, il sera
payé pour chaque cierge de 3/8 de kilogr.   3   »   »
14. Si l'on demandait à l'église une classe supérieure, et dans le cas où la famille réclamerait des chandeliers supplémentaires, il
sera payé pour chaque chandelier   1   »   »
15. Il sera payé à la fabrique, pour une volée
d'une cloche à l'*Angelus* du matin et à celui
du soir   5   »   »
16. Pour chaque volée en sus . . . .   2 50   »

2e SECTION

SERVICE PAR L'ENTREPRISE

—

1° *A la maison mortuaire.*

1. Pour la menuiserie et la charpente nécessaires
à la tenture d'une porte cochère (dans le
cas prévu aux classes précédentes)   6   »   »
2. Si l'on demandait que les souches prévues
dans la classe fussent remplacées par des
cierges, il serait payé, pour chaque cierge
de cire ordinaire de 1/4 de kilogramme . .   1 50   »

2° *Cortége.*

3. Hommes de deuil, chacun   4   »   »

4. Chevaux blancs en sus du prix fixé pour le corbillard. 10   »   »

3° *A l'église ou au temple.*

Néant . . . . »   »   »

RÉSUME DE LA 6e CLASSE

N° 1.

1re SECTION. Cérémonie religieuse.	Personnel.	44 50	61 50	
	Matériel.	47 »		
2e SECTION.	A la maison mortuaire.	55 »		
	Cortége.	42 »		
Service par l'entreprise.	A l'église ou au temple : Portail. . 12 »		109 »	»
	Tenture intér^e. » »	12 »		
	Catafalque. . » »			

TAXE municipale. . . . . . . 15 »   »

| Articles et objets supplément^{és}. | De la classe. . . . . | Mémoire. |
| | Fournitures réelles. . . . . . . | |

TOTAL pour la 6e classe, n° 1. . 185 50   »

N° 2.

| 1re SECTION Cérémonie religieuse. | Personnel. . . . . | 34 50 | 51 50 | » |
| | Matériel. . . . . | 47 » | | |

A reporter. . . . 51 50

		Report		51 50	»
2ᵉ SECTION	A la maison mortuaire.	49 »			
	Cortége.	27 »			
Service par l'entreprise.	A l'église ou au temple : Portail. » »			76 »	
	Tenture intérᵣᵉ. » »		» »		
	Catafalque . . » »				
	TAXE municipale.			15 »	»
Articles et objets supplémentᵣᵉˢ.	De la classe.			Mémoire.	
	Fournitures réelles.				
	Total pour la 6ᵉ classe, n° 2. . .			142 50	»

7ᵉ CLASSE

TARIF DE LA CLASSE

—

1ʳᵉ SECTION

CÉRÉMONIE RELIGIEUSE

—

1° Personnel.

1. Droit curial	3	»	3	»
2. Présence d'un vicaire	1	50	1	50
3. Présence de trois prêtres	3	75	3	75
4. Un régulateur-receveur des convois.	1	»	1	»
5. Un enfant de chœur	»	50	»	50
6. Un suisse	»	75	»	75
7. Un garçon de sacristie porte-croix.	1	»	1	»
8. Messe basse	1	50	1	50
9. Un prêtre pour la conduite au cimetière . . .	8	»	»	»
A reporter. . . .		21 »		13 »

Reports. . . .	21	»	13	»
10. Un enfant de chœur	1	»	»	»
11. Un bedeau	1	»	»	»
TOTAL du personnel . . .	23	»	13	»

2° *Matériel.*

12. Luminaire à l'autel	2	»	2	»
13. Luminaire autour du corps et tréteaux . . .	2	»	2	»
14. Ornements, croix, bénitier, chandelier, etc .	3	»	3	»
TOTAL pour le matériel . . .	7	»	7	»
TOTAL de la 1re section. . . .	30	»	20	»

2e SECTION

SERVICE PAR L'ENTREPRISE

—

1° *A la maison mortuaire.*

1. Tenture de la porte	12	»	12	»
2. Bandeau frangé et galonné en fil.	4	»	»	»
3. Tréteau	1	»	1	»
4. Drap mortuaire en drap frangé et galonné en fil, devant servir tant à la maison mortuaire qu'au cortége et à l'église.	5	»	5	»
5. Quatre chandeliers argentés	4	»	4	»
6. Quatre souches garnies de la bougie nécessaire pour la durée de l'exposition	4	»	4	»
7. Croix et bénitier	2	»	2	»
8. Socle pour le bénitier	2	»	»	»
9. Pièce de fond à croix galonnée en fil blanc .	2	»	2	»
TOTAL de la maison mortuaire. .	36	»	30	»

Dans le cas où la personne décédée appartiendrait au culte protestant ou au culte israélite, le total ci-dessus serait réduit des objets qui, pour ce motif, ne seraient pas demandés.

2° *Cortége.*

10. Corbillard sans galerie, à panneaux vernis, avec garnitures et housses de chevaux frangées en fil blanc. . . . .　22 »　　22 »

Pour un enfant décédé à l'âge de 7 ans ou au-dessous de cet âge, le corbillard pourra être remplacé par le brancard orné n° 2, dont le prix est fixé à 10 fr., et la voiture supprimée. Dans ce cas, la section du cortége sera réduite à 10 fr.

11. Une voiture vernie. . . . .　15 »　　» »

Total pour le cortége. . . . . . .　37 »　　22 »

S'il n'y avait pas d'exposition, on ajouterait au prix du corbillard le drap mortuaire, soit 5 fr.

3° *A l'église ou au temple.*

Néant. . . . .　» »　　» »

Total de la 2e section. . . . .　73 »　　52 »

Taxe municipale. . . . .　10 »　　10 »

ARTICLES ET OBJETS SUPPLÉMENTAIRES

SPÉCIAUX DE LA 7ᵉ CLASSE

—

1ʳᵉ SECTION.

CÉRÉMONIE RELIGIEUSE.

—

Personnel.

S'il y a conduite du corps dans un cimetière autre que celui de l'arrondissement de la paroisse du décédé, il sera payé, outre la rétribution allouée à la classe.

1. Au prêtre. 2 »
2. A l'enfant de chœur. . . . . » 50 »
3. Au suisse ou bedeau. . . . . » 50 »

Si la conduite a lieu dans un cimetière autre que ceux de la ville de Paris, et hors de cette ville, il sera payé, outre la rétribution allouée à la classe, lorsque la distance n'excédera pas un myriamètre :

4. Au prêtre. . . . . 4 » »
5. A l'enfant de chœur. . . . . 1 » »
6. Au suisse ou bedeau. . . . . 1 » »

Si la distance excède un myriamètre, il sera traité de gré à gré avec les familles.

—

2° *Matériel.*

7. Il sera payé à la fabrique pour une volée d'une cloche à l'*Angelus* du matin et à celui du soir. . . . . 5 » »
8. Pour chaque volée en sus. . . . . 2 50 »

2ᵉ SECTION

SERVICE PAR L'ENTREPRISE

—

1° *A la maison mortuaire.*

1. Pour la menuiserie et la charpente nécessaires
à la tenture d'une porte ou d'une boutique
(dans le cas prévu aux classes précédentes).   6 »   »
2. Si l'on demandait que les souches prévues
dans la classe fussent remplacées par des
cierges, il serait payé, pour chaque cierge
de cire ordinaire de 1/4 de kilogramme. .   1 50   »

2° *Cortége.*

3. Chevaux blancs, en sus du prix fixé pour le
corbillard. . . . .   10 »   »

3° *A l'église ou au temple.*

Néant. . . . .   » »   »

RÉSUMÉ DE LA 7ᵉ CLASSE

Nᵒ 1.

1ʳᵉ SECTION. Cérémonie religieuse.	Personnel.	23 »	30 »
	Matériel.	7 »	

A reporter. . . .   30 »

		Report. . . .	30 »
2ᵉ SECTION.	A la maison mortuaire. . .	36 »	
Service	Cortége.	37 »	73 »
par l'entreprise.	A l'église ou au temple. . .	» »	
TAXE municipale.			10 »
ARTICLES	De la classe.		
et objets			*Mémoire.*
supplémentaires.	-Fournitures réelles.		

TOTAL pour la 7ᵉ classe, n° 1. . . .   113 »

N° 2.

1ʳᵉ SECTION	Personnel.	13 »	
Cérémonie.			20 »
religieuse.	Matériel.	7 »	
2ᵉ SECTION.	A la maison mortuaire. .	30 »	
Service	Cortége.	22 »	52 »
par l'entreprise.	A l'église ou au temple. .	» »	
TAXE municipale.			10 »
ARTICLES	De la classe.		
et objets			*Mémoire.*
supplémentaires.	Fournitures réelles.		

TOTAL pour la 7ᵉ classe, n° 2. . . .   82 »

8ᵉ CLASSE

TARIF DE LA CLASSE

1ʳᵉ SECTION

CÉRÉMONIE RELIGIEUSE

1° *Personnel.*

1. Droit curial.	2	»	»
2. Présence d'un vicaire.	1 50	»
3. Présence de deux prêtres.	2 50	»
4. Un régulateur-receveur des convois.	1 »	»
5. Enfant de chœur.	» 50	»
6. Suisse.	» 50	»
7. Garçon de sacristie.	» 50	»
8. Messe basse.	1 50	»
TOTAL du personnel.	10 »	»

2° *Matériel.*

9. Luminaire à l'autel.	1 50	»
10. Luminaire autour du corps et tréteaux.	1 50	»
11. Ornements, croix, bénitier et chandeliers.	2 50	»
TOTAL pour le matériel.	5 »	»
TOTAL de la 1ʳᵉ section.	15 »	»

2ᵉ SECTION

SERVICE PAR L'ENTREPRISE

—

1° *A la maison mortuaire.*

1. Tréteaux. . . . .   4 »   »
2. Drap mortuaire galonné en fil, devant servir, tant à la maison mortuaire qu'au cortége et à l'église. . . . .   3 »   »
3. Deux chandeliers argentés. . . . .   2 »   »
4. Deux souches garnies de la bougie nécessaire pour le temps de l'exposition. . . .   2 »   »
5. Croix et bénitier. . . . .   2 »   »

TOTAL de la maison mortuaire. .   10 »   »

Dans le cas où la personne décédée appartiendrait au culte protestant ou au culte israélite, le total ci-dessus serait réduit des objets qui, pour ce motif, ne seraient pas demandés.

2° *Cortége.*

6. Corbillard à panneaux vernis, sans garniture ni housses de chevaux. . . . .   12 »   »

Pour un enfant décédé à l'âge de sept ans ou au-dessous de cet âge, le corbillard pourra être remplacé par le brancard orné n° 2, dont le prix est fixé à 10 fr. Dans ce cas, la section du cortége sera réduite de 2 francs.

TOTAL du cortége. . . . .   12 »   »

S'il n'y avait pas d'exposition, on ajouterait au corbillard, le drap mortuaire, soit 3 francs.

3° *A l'église ou au temple.*

Néant. » » »

           TOTAL de la 2ᵉ section.. . . . . 22 » »

  TAXE municipale. . . . . 10 » »

ARTICLES ET OBJETS SUPPLÉMENTAIRES

SPÉCIAUX DE LA 8ᵉ CLASSE

—

1ʳᵉ SECTION

CÉRÉMONIE RELIGIEUSE

—

Néant. » » »

2ᵉ SECTION

SERVICE PAR L'ENTREPRISE

—

1° *A la maison mortuaire.*

Néant. . . . . » » »

2° *Cortége.*

1. Chevaux blancs, en sus du prix fixé pour le
corbillard. . . . . 10 » »

3° *A l'église ou au temple.*

Néant. . . . . » » »

RÉSUMÉ DE LA 8ᵉ CLASSE.

1ʳᵉ SECTION Cérémonie religieuse.	Personnel.	10 »		15 »
	Matériel.	5 »		
2ᵉ SECTION. Service par l'entreprise.	A la maison mortuaire.	10 »		22 »
	Cortége	12 »		
	A l'église ou au temple.	» »		
TAXE municipale.				10 »
ARTICLES et objets supplémentaires.	De la classe.			Mémoire.
	Fournitures réelles.			

TOTAL pour la 8ᵉ classe. . . .   47 »

8ᵉ CLASSE

TARIF DE LA CLASSE

—

1ʳᵉ SECTION

CÉRÉMONIE RELIGIEUSE

—

1° *Personnel.*

1. Droit curial.	1 50	»
2. Présence d'un vicaire	1 50	»
3. Présence d'un prêtre.	1 25	»
4. Un régulateur-receveur des convois.	1 »	»
5. Un enfant de chœur.	» 50	»
6. Un suisse.	» 50	»

A reporter. . . .   6 25   »

10

Report. . . .	6 25	»
7. Un garçon de sacristie.	» 50	»
8. Messe basse.	1 50	»
TOTAL du personnel. . . .	8 25	»

2° *Matériel.*

9. Luminaire.	» 50	»
10. Luminaire autour du corps et tréteaux. . . .	» 50	»
11. Ornements, bénitier, croix et chandeliers. . .	» 50	»
TOTAL pour le matériel. . . .	1 50	»
TOTAL de la 1re section.	9 75	»

2e SECTION.

SERVICE PAR L'ENTREPRISE

—

1. Drap mortuaire, comme dans la 8e classe. .	3 »	»

Lorsque, après l'expiration du délai légal, l'exposition du corps pourra avoir lieu et sera demandée par la famille, des tréteaux devront être fournis gratuitement par l'entrepreneur. Dans ce cas, le drap mortuaire devra être livré en temps utile.

TOTAL de la 2e section.	3 »	»
TAXE municipale.	6 »	»

ARTICLES ET OBJETS SUPPLÉMENTAIRES

DE LA 9ᵉ CLASSE

—

1ʳᵉ SECTION

CÉRÉMONIE RELIGIEUSE.

—

Néant. . . . .　» 　»　　　»

2ᵉ SECTION

SERVICE PAR L'ENTREPRISE

Néant. . . . .　» 　»　　　»

RÉSUMÉ DE LA 9ᵉ CLASSE.

1ʳᵉ SECTION. Cérémonie religieuse.	Personnel.	8 25	} 9 75
	Matériel.	1 50	
2ᵉ SECTION. Service par l'entreprise.	A la maison mortuaire. .	3 »	} 3 »
	Cortége.	» »	
	A l'église ou au temple. .	» »	
TAXE municipale.			6 »
ARTICLES et objets supplémentaires.	De la classe.		} Mémoire.
	Fournitures réelles.		

TOTAL pour la 9ᵉ classe. . . .　18 75.

OBJETS SUPPLÉMENTAIRES

APPLICABLES AUX DIVERSES CLASSES

(Suite de la 2ᵉ section.)

—

FOURNITURES RÉELLES.

—

1° *Fournitures diverses.*

Pour la fourniture d'une paire de pleureuses en batiste fine.	4	»	»
Pour la fourniture d'un crêpe fin.	1	50	»
Idem d'un crêpe commun.	1	»	»
Pour chaque paire de gants de castor, noirs ou blancs, fins.	3	»	»
Idem communs.	1	70	»
Pour chaque voile de tambour.	6	»	»
Pour chaque pièce d'étoffe servant à couvrir les pauvres.	5	50	»
Fourniture d'une couronne et d'un bouquet en fleurs d'oranger artificielles, pour les cinq premières classes.	12	»	»
Fournitures d'une couronne et d'un bouquet en fleurs d'oranger artificielles, sans chaperon, pour les quatre dernières classes.	3	»	»
Pour chaque grande armoirie peinte sur toile, placée sur les tentures ou autres endroits.	24	»	»
Idem petite, peinte sur carton.	12	»	»
Pour rehausser en or une armoirie peinte sur toile.	12	»	»
Idem peinte sur carton.	6	»	»

2° *Cercueils et accessoires.*

DÉSIGNATION DES AGES	EN CHÊNE.		EN PLOMB.	EN SAPIN.	GARNITURES					OBSERVATIONS.
					INTÉRIEURES			EXTÉRIEURES		
	ORDINAIRES.	FORTS.			en satin.	ou percale.	en laine.	en drap.	en velours.	
De la naissance à 1 an. .	12	18	50	6	40	10	15	60	120	Les cercueils et garnitures devront être conformes , pour leur confection, aux modèles et devis imposés à l'entrepreneur.
De 1 an à 3 ans.	15	25	70	9	60	12	18	80	160	
De 3 ans à 7 ans.	20	30	87	12	80	15	22	100	200	
De 7 ans à 15 ans. . . .	27	40	120	15	100	20	30	120	250	
De 15 ans à 20 ans. . . .	34	47	150	18	120	30	45	147	300	
De 20 ans et au-dessus. .	44	60	200	20						
Boîtes d'un mètre pour les exhumations.	12	»	»	7	»	»	»	»	»	

Plaques en cuivre de 0^m40 sur 0^m16 avec inscription de 15 à 25 lettres.	12
Plaques en plomb.	8
Plaques au-dessus de cette dimension, en cuivre.	30
Plaques au-dessus de cette dimension, en plomb.	16

TARIFS HOMOLOGUÉS

DU TRANSPORT DES CERCEUILS

EN FRANCE

—

Tarif du chemin de fer de l'Est.

Transport à six kilomètres. — Prix d'une voiture
renfermant un ou plusieurs cercueils. . . . . .   6 30   »
Prix d'un cercueil isolé. . . . .   4 »   »

Pour ne pas trop multiplier les exemples, je me
contenterai de donner encore le prix du transport en chemin de fer d'une voiture renfermant
un ou plusieurs cercueils et d'un cercueil isolé.
Transport à six cents kilomètres.
Prix d'une voiture renfermant un ou plusieurs
cercueils.   432 40   »
Prix d'un cercueil isolé. . . . .   203 60   »

Je dois faire observer ici dans l'intérêt des familles que la complète liberté des transports des cercueils hors du département de la Seine n'est plus
contestée ; qu'elle est garantie par le cahier des charges de l'entreprise en
cours d'exercice du service des Pompes funèbres de Paris et par de nombreuses décisions des tribunaux ; ainsi les familles ont tout intérêt à faire
elles-mêmes leurs affaires sans recourir à l'intervention de l'entreprise des
Pompes funèbres de Paris qui fait payer ses services d'une façon exorbi-
tante.

RÉSUMÉ DE LA DÉPENSE DE CHAQUE CLASSE, DÉTAILLÉE PAR SECTION ET PARAGRAPHE

DÉTAIL DU SERVICE	1re CLASSE		2e CLASSE		3e CLASSE		4e CLASSE		5e CLASSE		6e CLASSE		7e CLASSE		8e Classe	9e Casse
	N° 1	N° 2	N° 1	N° 2	N° 1	N° 2	N° 1	N° 2	N° 1	N° 2	N° 1	N° 2	N° 1	N° 2		
1re SECTION CÉRÉMONIE RELIGIEUSE	fr. c.	fr. c.	fr. c.	fr. c.	fr. c.	fr. c.	fr. c.	fr. c.	fr. c.	fr. c.	fr. c.	fr. c.	fr. c.	fr. c.	fr. c.	fr. c.
Personnel	272 »	272 »	233 »	233 »	190 »	142 »	186 75	96 75	81 75	61 75	44 50	34 50	23 »	13 »	10 »	8 25
Matériel	584 »	514 »	400 »	320 »	155 »	155 »	113 »	108 »	80 »	80 »	17 »	17 »	7 »	7 »	5 »	1 50
Total de la 1re section.	856 »	786 »	633 »	553 »	345 »	297 »	249 75	204 75	161 75	141 75	61 50	51 50	30 »	20 »	15 »	9 75
2e SECTION SERVICE PAR L'ENTREPRISE																
A la maison mortuaire .	539 »	499 »	407 »	343 »	213 »	185 »	117 »	111 »	93 »	75 »	55 »	49 »	36 »	30 »	10 »	3 »
Cortége	1,636 »	1,218 »	846 »	790 »	414 »	347 »	260 »	209 »	114 »	58 »	42 »	27 »	37 »	22 »	12 »	» »
A l'église (Portail. . .	168 »	168 »	148 »	118 »	102 »	102 »	54 »	54 »	37 »	25 »	12 »	» »	» »	» »	» »	» »
ou au (Tenture Intér.	3,025 »	1,555 »	1,000 50	754 50	697 »	515 »	342 »	240 »	100 »	» »	» »	» »	» »	» »	» »	» »
temple. (Catafalque . .	920 »	670 »	360 »	280 »	214 »	214 »	56 »	56 »	36 »	36 »	» »	» »	» »	» »	» »	» »
Total de la 2e section.	6,288 »	4,110 »	2,761 50	2,285 50	1,640 »	1,363 »	829 »	670 »	380 »	104 »	109 »	70 »	73 »	52 »	22 »	3 »
Total des 2 sections..	7,144 »	4,896 »	3,394 50	2,838 50	1,985 »	1,660 »	1,078 75	874 75	541 75	385 75	170 50	127 50	103 »	72 »	37 »	12 75
Taxe d'inhumation . . .	40 »	40 »	40 »	40 »	30 »	30 »	30 »	30 »	20 »	20 »	15 »	15 »	10 »	10 »	10 »	6 »
Total général. . . .	7,184 »	4,936 »	3,434 50	2,878 50	2,015 »	1,690 »	1,108 75	904 75	561 75	355 75	185 50	142 50	113 »	82 »	47 »	18 75

CAHIER DES CHARGES

CAHIER DES CHARGES

CHAPITRE PREMIER.

OBJET DE L'ENTREPRISE.

ARTICLE PREMIER.

L'entreprise du service général à faire, dans la ville de Paris, pour les inhumations, comprend :

1º Le service ordinaire, réglé par l'administration ;

2º Le service extraordinaire, tel qu'il sera commandé par les familles.

§ 1er.

Du service ordinaire.

ART. 2.

Ce service consiste à faire transporter dans les églises ou temples, ensuite dans les cimetières actuels de Paris, et dans ceux des communes dont les territoires vont être annexés à cette ville, les corps des décédés, et à les faire inhumer; le tout d'après les ordres des maires et suivant le mode rappelé dans les articles ci-après.

En cas d'inhumation hors desdits cimetières, et s'il y a convoi, les corps seront transportés par les voitures de l'entreprise jusqu'à la barrière. Le transport d'un corps exhumé d'un des cimetières de Paris, pour être réinhumé dans un autre cimetière de la ville, sera fait également par les voitures de l'entreprise : le tout au prix du tarif. Mais si le transport a lieu de la maison mortuaire ou de l'église à la barrière, sans aucune cérémonie extérieure et dans une voiture fermée, il peut être effectué librement par les familles, qui ont la faculté de faire usage du véhicule qui leur convient, pourvu que la décence et l'ordre public soient respectés.

ART. 3.

Le transport et l'inhumation des corps des individus décédés dans les hôpitaux et hospices civils et militaires de la ville de Paris, ainsi que dans l'hôtel impérial des Invalides, auront lieu par les soins de ces établissements, et sans pompe, sauf les cas où les familles, après avoir acquitté la taxe municipale, demanderaient que l'inhumation fût effectuée par les soins de l'entreprise.

ART. 4.

Les ordres d'inhumation seront transmis des mairies à l'entreprise, aux frais de l'entrepreneur, par les préposés indiqués dans l'article 34, ou par tous agents choisis par ledit entrepreneur et agréés par les maires, qui pourront exiger leur remplacement.

ART. 5.

Les corps des décédés seront ensevelis dans un linceul et déposés dans un cercueil hermétiquement fermé, conforme au modèle déposé au siége de l'entreprise, bureau de l'inspection.

Ils seront transportés individuellement, savoir :

Ceux des personnes décédées au-dessus de l'âge de sept ans, dans un char funèbre, de la forme de ceux qui sont actuellement en usage, attelé de deux chevaux noirs, à tous crins, conduits par un cocher, accompagné de quatre porteurs et précédé d'un ordonnateur des convois ;

Et ceux des personnes décédées à l'âge de sept ans et au-dessous, sur un brancard porté par deux porteurs et précédé d'un ordonnateur des convois.

Dans l'un et l'autre cas le cercueil devra être recouvert d'une draperie noire ou blanche au gré des familles.

Toute autre disposition désirée par les familles rentrera dans le service extraordinaire.

En cas d'absence non justifiée d'un ou plusieurs porteurs, l'administration retiendra, pour chacun d'eux, une somme de 1 fr. 50 c. sur l'allocation accordée à l'entrepreneur pour l'exécution du service ordinaire.

ART. 6.

Les transports se feront aux églises ou temples, et, de là, aux cimetières ou aux barrières directement ; le tout, sur l'ordre des maires, d'après la volonté des familles exprimée par écrit. (Décret du 18 août 1811.)

Art. 7.

Toute inhumation devra être faite dans une fosse ouverte aux frais de l'entrepreneur, suivant les dimensions prescrites par les règlements.

§ II.

Du service extraordinaire.

Art. 8.

Ce service consiste :

1° A procurer aux familles, sur leur demande, des corbillards, voitures de deuil, draperies, cierges, souches, et tous autres objets indiqués au tarif ci-annexé, soit dans les diverses classes qui y sont établies, soit dans les tarifs des objets supplémentaires ;

2° A fournir aux fabriques et consistoires, sur leur demande écrite, les objets qu'ils réclameraient pour célébrer les anniversaires dit bouts de l'an, et autres cérémonies du même genre qui son désignées dans la deuxième partie du tarif, ainsi que les objets inscrits dans le tarif du service extraordinaire ; et ce moyennant une rétribution qui sera acquittée par la fabrique ou par le consistoire, et qui est fixée à 15 pour 100 du prix porté pour ces objets audit tarif.

L'entrepreneur devra fournir, moyennant la même rétribution, les objets nécessaires au service funèbre de MM. les curés et desservants des paroisses et succursales de Paris, et des prêtres attachés aux services desdites paroisses et succursales, ainsi que des ministres des autres cultes ; mais seulement pour la décoration de la porte et de l'intérieur de l'église ou du temple.

Art 9.

Sont exceptées de l'entreprise du service général, les cérémonies funèbres concernant l'Empereur et les membres de la Famille impériale.

§ III.

Des préposés du service.

Art. 10.

Les préposés aux divers services sont :

1° Pour le service général de l'entreprise :

L'inspecteur des pompes funèbres, et, sous ses ordres,

Le sous-inspecteur, le commis aux écritures, les ordonnateurs des convois, les porteurs, les conducteurs de chars, les agents du service ordinaire, les maîtres des cérémonies, les officiers à manteau, les hommes de deuil, les conducteurs de corbillards et voitures de deuil et les valets de pied.

L'inspecteur des pompes funèbres pourra, suivant la gravité des cas, provoquer près du préfet la punition et même la révocation de ces préposés. L'entrepreneur sera tenu de se conformer, à l'égard des agents nommés par lui, à la décision du préfet, immédiatement après qu'elle lui aura été notifiée.

2° Pour le service des inhumations :

L'inspecteur des cimetières, et, sous ses ordres,

Les conservateurs, concierges et autres agents employés dans ces établissements.

Art 11.

Le nombre des ordonnateurs des convois est fixé à cinquante-deux, dont vingt ont le titre d'ordonnateur particulier, et trente-deux celui d'ordonnateur suppléant.

Toutefois, et sur l'avis du conseil municipal, ce nombre pourra être augmenté pendant la durée du bail, en cas de mortalité extraordinaire ou d'accroissement notable de la population, et le surcroît de dépense sera supporté par l'entrepreneur.

Art. 12.

Un ordonnateur particulier sera préposé au service des pompes funèbres dans chacune des mairies d'arrondissement de Paris.

Les ordonnateurs suppléants se réuniront, chaque jour, au chef-lieu de l'entreprise, pour être dirigés, par les ordres de l'inspecteur, sur les points où leur présence sera nécessaire.

Art. 13.

L'inspecteur des pompes funèbres, le sous-inspecteur, le commis aux écritures, les ordonnateurs des convois, l'inspecteur des cimetières, les concierges et autres agents des cimetières, seront nommés par le préfet du département.

Art. 14.

Le costume des ordonnateurs est déterminé par l'administration ; ces agents y pourvoiront à leurs frais, à l'exception toutefois de la ceinture de soie noire bordée de franges en soie, des gants, du crêpe, du bâton d'ébène, du chapeau à cornes, et, pour la tenue d'hiver, d'un manteau-collet en drap noir. Ces objets leur seront fournis par l'entrepreneur, auquel ils seront remis lorsqu'ils auront besoin d'être remplacés, ou dans le cas de cessation de fonctions des ordonnateurs.

Le crêpe et les gants que l'entrepreneur doit remettre à ses frais aux ordonnateurs, seront renouvelés par lui tous les mois, ou même plus souvent s'il est besoin, sur la réquisition ds l'inspecteur.

Il est expressément interdit à l'entrepreneur de compter, dans les commandes des familles, des crêpes et des gants pour aucun des agents de l'administration ou de l'entreprise.

Art. 15.

Quatre porteurs seront attachés à chacune des mairies des vingt arrondissements de Paris, et cent porteurs supplémentaires au chef-lieu de l'entreprise. En cas d'insuffisance du nombre des porteurs, soit aux mairies, soit à l'entreprise, l'entrepreneur sera tenu d'y suppléer à ses frais ; et, dans ce cas, les hommes qu'il emploiera devront avoir le même costume que les porteurs titulaires, et être soumis aux mêmes conditions sous le rapport du service et de la discipline.

Ces préposés, titulaires ou non, auront l'habit droit, dit à la française, en drap gris foncé, avec parements et boutons noirs, et une plaque portant un numéro d'ordre, gilet noir, pantalon et guêtres de même couleur que l'habit, chapeau rond entouré d'un crêpe, gants noirs : le tout fourni et entretenu aux frais de l'entrepreneur, et conforme aux échantillons d'étoffes et aux modèles qui seront déposés à la préfecture.

Les porteurs attachés aux mairies et les porteurs supplémentaires devront être munis, en outre, pour le service d'hiver, d'un collet en drap gris foncé, dont la fourniture et l'entretien seront également aux frais de l'entrepreneur. Cette fourniture ne sera pas annuelle ; elle sera effectuée suivant les besoins.

Art. 18.

Il sera délivré chaque année, au mois d'avril, sauf ce qui vient d'être dit pour le collet, un costume complet à chaque porteur, et en outre, au mois d'octobre, un pantalon de drap, une paire de guêtres et un chapeau. Tout ou partie de ce costume sera renouvelé plus souvent, s'il en est besoin, sur la réquisition de l'inspecteur. Ces effets ne pourront être livrés qu'après que la bonne confection en aura été reconnue, et constatée par un procès-verbal qui sera dressé par l'inspecteur des pompes funèbres et déposé à la préfecture.

ART. 17.

Les porteurs attachés à chaque arrondissement seront choisis par l'entrepreneur, mais ils devront être agréés par le maire.

Les porteurs supplémentaires attachés à l'entreprise seront choisis par l'entrepreneur et agréés par le préfet; les uns et les autres pourront être punis et révoqués par décision du préfet.

Les porteurs d'arrondissement et les porteurs supplémentaires ne pourront être pris que parmi les hommes reconnus valides et âgés de moins de quarante ans.

ART. 18.

Sous aucun prétexte, il ne pourra être exigé des porteurs attachés aux mairies, non plus que des porteurs suppléants, d'autre service que celui qui leur est désigné.

ART. 19.

Les maîtres des cérémonies, les officiers à manteau, les hommes de deuil, les conducteurs de chars, corbillards, voitures de deuil, et les valets de pied, seront nommés par l'entrepreneur. Ils devront être en nombre suffisant pour répondre à tous les besoins du service; et en cas d'insuffisance, l'entrepreneur sera tenu d'en augmenter le nombre proportionnellement aux besoins, sur la réquisition de l'inspecteur des pompes funèbres. Tous ces agents seront sous les ordres immédiats de l'ordonnateur, pendant toute la durée du convoi.

Les maîtres des cérémonies et officiers à manteau porteront l'habit noir à la française, la veste et la culotte noires, le chapeau à trois cornes avec crêpe, les gants noirs et le manteau noir.

Les maîtres des cérémonies y ajouteront l'épée à poignée d'acier bruni, avec crêpe et pleureuse.

Les hommes de deuil porteront l'habit noir à la française, le pantalon et le gilet noirs, le chapeau rond entouré d'un crêpe et les gants noirs.

Les conducteurs de chars, corbillards et voitures de deuil, porteront l'habit suivant le costume actuel, le gilet et le pantalon noirs, et au besoin, le manteau noir, les bottes à l'écuyère avec manchettes aux bottes pour le service extraordinaire, les gants noirs, et le chapeau à trois cornes entouré d'un crêpe retombant sur l'un des côtés, Les valets de pied auront le même costume que les cochers.

La fourniture et l'entretien de ces costumes seront à la charge de l'entrepreneur. Une vérification trimestrielle sera faite par l'inspecteur des pompes funèbres, qui réquerra le renouvellement de ceux qui ne seraient plus dans un état convenable.

Chaque pièce composant les costumes ainsi reçus devra être marquée d'un chiffre qui permette de constater ultérieurement son identité.

Il est interdit à l'entrepreneur de faire usage, même pour les porteurs, cochers et autres individus employés extraordinairement, de costumes et vêtements en mauvais état, sous peine de verser à la fabrique ou au consistoire intéressé le montant total de la commande du convoi dans lequel le costume ou vêtement aura été employé, et ce, sans préjudice de l'application du dernier paragraphe de l'article 70

Les costumes et vêtements qui sont d'un usage accidentel, devront être, comme les autres, soumis à la réception de l'inspecteur.

CHAPITRE II

OBLIGATIONS ET CHARGES DE L'ENTREPRENEUR ENVERS L'ADMINISTRATION

-----

§ 1er.

Charges générales.

ART. 20.

L'adjudicataire sera tenu d'établir le siége de l'administration de son entreprise dans la propriété sise à Paris, rues Alibert, 10, et Bichat, 25, que l'administration a louée pour 18 années, qui expireront avec le présent bail, au prix annuel de 20,500 fr., et aux autres conditions dont il sera donné connaissauce aux soumissionnaires avant l'adjudication. Il devra, en outre, reprendre de l'entrepreneur sortant et exécuter dans toutes ses conditions, le bail d'un terrain situé rue Alibert, que ledit entrepreneur a loué pour les besoins du service, au prix de 9,000 fr. et pour 12 ans à partir du 1er juillet 1859. Il sera donné connaissance dudit bail aux soumissionnaires. Le loyer desdites propriétés sera à la charge de l'adjudicataire et payé directement par lui. L'adjudicataire remboursera à M. Vafflard la somme de 4,500 fr. qu'il a payée à Mme veuve Allard, propriétaire, pour 6 mois de loyer d'avance, ainsi que les droits d'enregistrement.

L'adjudicataire devra fournir, au chef-lieu de l'entreprise, des locaux convenables pour le bureau de l'inspection des pompes funèbres et pour la réunion journalière des ordonateurs et des porteurs supplémentaires.

Ces locaux seront éclairés et chauffés aux frais de l'adjudicataire. Un planton sera tenu constamment à la disposition de l'inspecteur pour la transmission des ordres de service.

ART. 21.

L'entrepreneur sera pareillement tenu de fournir au siége de l'entreprise un local suffisant pour le dépôt des modèles de toute nature prévus au présent cahier des charges.

ART. 22.

Il entretiendra à ses frais et aura constamment en bon état :

1° Pour le service ordinaire, les chars qui existent actuellement au nombre de cent onze, et le nombre de chevaux et de conducteurs nécessaire.

2° Pour le service extraordinaire, trente-cinq corbillards drapés, trente-cinq corbillards vernis, et soixante-quinze voitures de deuil, ainsi que le nombre de chevaux et de conducteurs nécessaire.

Le minimum des chevaux que l'entrepreneur sera tenu d'entretenir est fixé à cent soixante chevaux noirs, et dix chevaux blancs en hiver.

Ce nombre pourra être réduit à cent trente chevaux noirs, et six chevaux blancs pour la saison d'été, mais seulement sur l'autorisation écrite du préfet, qui n'aura d'effet que pour la saison d'été à laquelle elle s'appliquera.

En cas d'augmentation de la mortalité par suite d'épidémie ou par toute autre cause, et dans quelque proportion que soit cette augmentation, l'entrepreneur sera tenu de pourvoir à ses frais, à tous les besoins du service. Faute par lui de justifier qu'il a commencé en temps utile et qu'il suit sans interruption l'exécution des ordres qu'il aura reçus de l'administration, celle-ci pourvoira d'office à tous les besoins, aux frais, risques et périls dudit entrepreneur, sans préjudice d'ailleurs de l'application du dernier paragraphe de l'article 70 ci-après.

ART. 23.

L'entrepreneur sera tenu au payement des appointements des agents du service ci-après désignés; et, à cet effet, il versera par avance, le 25 de chaque mois, à la caisse municipale, le douzième de la somme de deux cent douze mille quatre cents francs, montant des traitements ou frais annuels de ces agents, lesquels traitements et frais sont fixés ainsi qu'il suit :

1° L'inspecteur des pompes funèbres. . . . . 6,000 fr.

2° Un sous-inspecteur. 3,000

3° Un commis aux écritures. 1,800

4° Frais de bureau de l'inspection ; frais de déplacement de l'inspecteur et du sous-inspecteur. . 1,500

5° Vingt ordonnateurs particuliers, à 2,400 fr. 48,000

6° Trente-deux ordonnateurs suppléants, à 1,800 fr. 57,600

7° Quatre-vingts porteurs d'arrondissement, à 1,100 fr. 88,000

8° L'inspecteur des cimetières. 5,000

9° Frais de déplacement. 500

10° Indemnité annuelle au médecin chargé de visiter les agents du service des pompes funèbres nommés ou agréés par l'administration. 1,000

TOTAL. . . . . 212,400 fr.

Le traitement des porteurs supplémentaires attachés d'une manière permanente à l'entreprise, ne pourra être inférieur à 900 fr. Il sera payé directement par l'entrepreneur, sous la surveillance de l'inspecteur du service.

Art. 24.

Il pourvoira, en outre, aux appointements des maîtres des cérémonies, aux salaires des hommes de deuil, à ceux des porteurs qu'il
serait obligé d'employer extraordinairement dans le cas prévu par
l'article 15, et aux gages des conducteurs des chars, corbillards et
voitures de deuil ; ces appointements, salaires et gages seront réglés par l'entrepreneur lui-même.

Quant aux prix de la main-d'œuvre pour le creusement de chaque
fosse, dont les frais sont mis à sa charge par l'article 7 du présent
cahier des charges, il est fixé, en y comprenant la descente du corps
et le remblaiement des terres à 60 centimes, que l'entrepreneur sera
tenu de verser à la caisse municipale, pour servir à payer les agents
chargés de ce travail.

Art. 25.

L'entrepreneur ni ses agents ne pourront demander aux familles
ni en recevoir aucune gratification.

En cas d'infraction à la présente disposition, l'entrepreneur en-
courra une amende double de la somme reçue et qui sera prélevée
sur l'indemnité attribuée à l'entreprise pour le service ordinaire. En
outre, les sommes indûment perçues seront restituées aux familles.
En tous cas les agents seront révoqués conformément au troisième
paragraphe de l'article 10, le tout sans préjudice de la déchéance
prononcée par l'article 70 ci-après.

Cette disposition sera inscrite en tête des feuilles de commande
délivrées aux familles.

§ II.

Charges spécialement relatives au service ordinaire.

ART. 26.

En raison de l'allocation qui lui est attribuée par l'article 46 ci-après, l'entrepreneur ne pourra, dans le service ordinaire, percevoir des familles aucune rétribution autre que le prix des cercueils qu'il doit fournir, comme étant aux droits résultant, au profit des fabriques et consistoires, des articles 22 et 25 du décret du 23 prairial an XII.

ART. 27.

Indépendamment des obligations qui lui sont imposées pour le service ordinaire, l'entrepreneur sera tenu, sur la réquisition expresse de MM. les maires, de fournir gratuitement un cercueil et un linceul pour l'inhumation des personnes décédées dans l'indigence.

ART. 28.

Quant aux décédés de la religion hébraïque, l'entrepreneur se conformera aux instructions de M. le préfet pour faire confectionner et pour fournir les cercueils suivant les usages du culte israélite.

ART. 29.

L'entrepreneur aura un magasin central dans lequel il entretiendra constamment en bon état 6,000 cercueils de toutes les dimensions désignées au tarif, et dans la proportion indiquée par l'inspecteur des pompes funèbres pour chacune d'elles. Il sera tenu, en outre, pour faciliter le service dans les mairies, d'approvisionner des magasins loués par lui, et situés dans chaque arrondissement, d'un nombre suffisant de cercueils des différentes espèces désignées dans le tarif. Le choix de ces magasins quant à leur situation, sera soumis à l'agrément du préfet. Le nombre des cercueils formant ces approvisionnements sera fixé, proportionnellement aux besoins de chaque arrondissement, par l'inspecteur des pompes funèbres, qui sera chargé de les recevoir et de faire apposer sur chacun une marque indicative de leur prix. Le transport des cercueils, soit du lieu de leur confection aux magasins, soit du magasin général aux magasins particuliers, aura lieu dans des voitures fermées au moyen de toiles ou autrement, de telle sorte que les objets transportés soient soustraits aux regards des habitants.

L'inspecteur devra refuser ceux qui ne seraient pas dûment confectionnés ou conformes au modèle prévu par l'article 5.

Il vérifiera, le plus souvent possible, les cercueils ainsi reçus et déposés soit dans les magasins d'arrondissement, soit dans le magasin central, et, s'il s'en trouve qui, par l'effet de la sécheresse ou autrement, soient reconnus par lui impropres au service, il en interdira l'usage et l'entrepreneur sera tenu de les remplacer.

Indépendamment de la marque ci-dessus prescrite, il sera placé sur chaque cercueil, lors du transport à la maison mortuaire, aux frais de l'entrepreneur, et sous la surveillance de l'ordonnateur, une estampille en plomb, d'une forme déterminée pour chaque mairie.

Cette estampille portera, en chiffres romains, le numéro de l'arrondissement, et, en chiffres arabes, le numéro sous lequel l'acte de décès aura été inscrit au registre de la mairie.

Elle sera clouée solidement à l'une des extrémités du cercueil.

L'entrepreneur devra aussi avoir dans chaque magasin d'arrondissement, constamment en bon état, le nombre de draps mortuaires

blancs et noirs, et de brancards indiqué par l'inspecteur comme né-
cesaire pour le transport des décédés. Il devra en outre déposer
dans chacun de ces magasins un nombre suffisant d'enveloppes de
toile fermant à boucles, et qui puisse servir au porteur pour le transport à domicile des cercueils ordinaires.

§ III.

Charges spécialement relatives au service extraordinaire.

ART. 30.

L'entrepreneur aura en magasin, et constamment en bon état de
service, un approvisionnement suffisant des divers objets détaillés
dans les tarifs des prix de fournitures, qui seront homologués par
l'acte approbatif au présent cahier des charges. Il sera tenu, en
outre, de faire confectionner sans délai tous les objets de matériel
qui seront nécessaires par suite de l'extension du service aux nou-
veaux territoires qui vont être réunis à Paris. Ces objets devront
être, soit pour leur forme, soit pour leur qualité et leur état de confection, entièrement conformes aux objets analogues faisant partie
du matériel actuel de Paris; ils ne pourront être mis en usage
qu'après la réception que devra en faire préalablement l'inspecteur.

Pour assurer, d'une manière générale, l'exacte observation de ces
clauses et la bonne tenue du mobilier, tous les objets qui en feront
partie seront soumis à un premier examen, puis à des vérifications
périodiques de l'inspecteur des pompes funèbres, qui constatera
l'insuffisance ou la mauvaise qualité desdits objets, ainsi que leur
détérioration et les augmentations que le service exigerait.

Dans ces différents cas, l'entrepreneur devra, sur les réquisitions
qui lui en seraient faites par le préfet, compléter, remplacer ou
réparer ces objets, soit au moment de son entrée en possession,
soit pendant la durée de son entreprise. Les objets qu'il s'agirait de

remplacer ne pourront être établis sans qu'au préalable les modèles,
dessins ou dispositions n'en aient été soumis à l'approbation du
préfet.

En conséquence, il remettra à l'inspecteur des pompes funèbres,
dans le mois qui suivra son entrée en possession, une copie, faite
par ordre de classe, de l'inventaire du mobilier de l'entreprise, et,
tous les six mois, un état de situation de ce mobilier, arrêté au 30 juin
et au 31 décembre, et dans lequel seront indiqués les augmentations
ou les remplacements qui auront eu lieu pendant le cours du semes-
tre. L'inspecteur des pompes funèbres fera une exacte vérification
des objets compris dans cet état de situation, qu'il adressera au
préfet avec ses observations. Faute par l'entrepreneur d'exécuter
immédiatement les augmentations, remplacements et réparations
requis par l'administration, celle-ci y fera pourvoir d'office, aux
frais, risques et périls dudit entrepreneur, sans préjudice d'ailleurs
de la déchéance encourue aux termes de l'article 70.

Pour faciliter l'exécution de cet article, chaque objet sera marqué,
par les soins de l'entrepreneur, d'un chiffre qui permette d'en constater l'identité, et si l'entrepreneur faisait usage, dans un convoi,
d'un ornement, d'une tenture ou d'un objet quelconque dont le bon
état n'ait pas été reconnu préalablement, il devrait, indépendamment
de la faculté de déchéance laissée à l'administration, verser à la fabrique
ou au consistoire le montant total de la commande faite par la famille.

ART. 31.

Afin de prévenir les dégradations qu'occasionne, tant à l'intérieur
qu'à l'extérieur des églises, temples, monuments et édifices publics
ou privés, l'emploi d'échelles, de clous, de pitons et d'autres objets
nuisibles, destinés au placement des tentures et draperies, l'adjudicataire sera tenu, pour la pose de ces draperies et tentures, de se
conformer au mode adopté par l'administration, de faire établir ou
d'entretenir à ses frais les appareils nécessaires, soit suivant le système Baudouin, déjà pratiqué et acquis en 1843, soit suivant tout

autre système qui remplirait le même but, et qui serait agréé par l'administration. Des appareils devront être établis, à la première réquisition de l'administration, pour les églises et temples qui n'en sont pas encore pourvus.

L'entrepreneur veillera avec soin, et sous sa responsabilité, à ce que ses ouvriers ne dégradent point les lignes et ornements d'architecture, ainsi que les objets d'art qui décorent les églises et les temples ; et si de semblables dégradations avaient lieu, elles seraient réparées à ses frais, après avoir été constatées par l'un des architectes de la ville.

Les dégradations que les agents de l'entrepreneur pourraient commettre dans les cimetières, soit au préjudice de la ville, soit au préjudice des particuliers, seront également réparées à ses frais, sur la constatation qui en sera faite par l'inspecteur des cimetières.

Toutes ces réparations auront lieu sous la direction d'un architecte désigné à cet effet par le préfet.

Art. 32.

Dans les fournitures que l'entrepreneur est tenu de faire aux familles, il ne pourra, sous aucun prétexte, outre-passer les commandes qu'il aura reçues ; et, pour éviter toute contestation à ce sujet, ces commandes seront faites par écrit, sur des feuilles d'ordre imprimées et signées soit par un membre de la famille, soit par un fondé de pouvoirs.

La rédaction de ces feuilles, ainsi que celle des autres imprimés dont l'entrepreneur aura à faire usage avec les familles, sera soumise à l'approbation du préfet.

L'entrepreneur se conformera, pour le règlement du prix des fournitures qui lui auront été demandées, aux tarifs annexés au présent cahier des charges. Les contestations qui s'élèveraient à ce sujet entre l'entrepreneur ou ses agents et les familles, seront portées devant l'inspecteur du service, qui requerra près de l'entrepreneur ce que de droit, et en référera, au besoin, au préfet.

L'inspecteur pourra d'ailleurs assister, quand il le jugera convenable, à la réception des commandes faites par les familles.

ART. 33.

L'inspecteur des pompes funèbres exercera une sévère surveillance et un contrôle rigoureux sur chacune des commandes. A cet effet, l'entrepreneur lui remettra tous les matins la totalité des commandes qui lui auront été faites la veille, afin qu'il puisse reconnaître si les prix portés sur les feuilles de commande sont conformes au tarif, et s'assurer si les droits des fabriques n'ont point été lésés.

Après cette vérification, l'inspecteur inscrira, sur un registre qu'il tiendra spécialement pour chaque fabrique et chaque consistoire, le montant de chacune des commandes qui s'y rapportera.

Ces inscriptions serviront de contrôle aux duplicata qui doivent être adressés aux trésoriers de ces établissements, conformément aux dispositions de l'article 35 ci-après.

Les registres nécessaires à ce service seront fournis par l'entrepreneur, et disposés suivant le modèle qui lui sera indiqué.

En outre, l'entrepreneur fournira et fera tenir à jour, sous la surveillance de l'inspecteur, un registre divisé par classes, destiné à inscrire les fournitures et les recettes par espèces, et qui devra être conforme au modèle indiqué par l'administration. Ce registre sera communiqué à toute réquisition à l'administration ou à ses représentants, ainsi d'ailleurs que toutes les écritures de l'entreprise, tenues dans les formes légales et usitées dans le commerce.

ART. 34.

Pour faciliter aux familles les commandes qu'elles auront à faire, l'entrepreneur aura, pour recevoir et régler ces commandes, dans chacune des vingt mairies, un préposé sédentaire, choisi et payé par lui. Ces préposés devront être agréés par MM. les maires ; ils seront surveillés par ces fonctionnaires, et remplacés, à leur première réquisition, par l'entrepreneur : ils seront de droit révocables par le préfet.

Dans le bureau occupé par chaque préposé, et, au siége de l'entreprise, dans le bureau de l'inspection et dans celui du préposé à la réception des commandes, sera exposée, dans des cadres, une série de dessins lithographiés et coloriés, représentant par ensemble les objets et arrangements compris dans chacune des divisions du service, de telle sorte que les familles puissent juger à première vue de l'effet des décorations et des différences qui caractérisent les classes.

Ces dessins seront confectionnés sur les indications et sous la direction du préfet, par les soins et aux frais de l'entrepreneur. Ils seront maintenus constamment en bon état, et renouvelés, au besoin, sur la réquisition de l'inspecteur.

En outre, il devra être placé sur le bureau du préposé, pour être tenu constamment à la disposition du public, un exemplaire au moins des tarifs et du cahier des charges.

ART. 35.

Dans la vue de garantir à l'administration et au public l'exacte observation des tarifs mentionnés en l'article 32, et pour donner aux fabriques et aux consistoires le moyen de constater la quotité des remises à leur faire, et dont il sera parlé dans l'article suivant, l'entrepreneur sera tenu de faire remettre à l'ordonnateur chargé de diriger le convoi, pour le déposer, sur récépissé, à l'église ou au temple, un duplicata par lui certifié de la feuille d'ordre signée par la famille ; il sera tenu, en outre, le déposer, tous les dix jours, aux secrétariats des mairies, les copies, visées et certifiées par l'inspecteur, des feuilles d'ordre des fournitures extraordinaires relatives à chaque inhumation opérée pendant les dix jours écoulés.

Il déposera pareillement, et dans le même délai, aux bureaux des fabriques ou consistoires ayant droit à la remise ci-dessus mentionnée, des duplicata des mêmes feuilles d'ordre, vérifiées et visées par l'inspecteur des pompes funèbres.

ART. 36.

Sur le montant brut de chaque mémoire, l'entrepreneur sera tenu de faire aux fabriques et consistoires, pour tous les objets détaillés, tant dans le tarif des classes que dans le tarif des objets supplémentaires, la remise dont la quotité sera déterminée par l'enchère constatée au procès-verbal d'adjudication ; et, indépendamment de cette remise, ledit entrepreneur devra abandonner aux fabriques les résidus de la cire provenant des cierges qu'il aurait fournis à la maison mortuaire, lorsque ces résidus n'auront pas été réclamés par les familles.

Cette cire ne devra jamais être d'une qualité inférieure à celle qui est désignée au tarif, et dont un échantillon sera déposé au secrétariat de la préfecture.

Les fournitures réelles, notamment celles qui auront été faites par l'entreprise pour l'exhumation des corps dans l'un des cimetières de la ville de Paris, et leur transport ou réinhumation, soit dans le même cimetière, soit dans un autre cimetière de la même ville, soit sur un point quelconque renfermé dans l'enceinte de Paris, seront assujetties, comme toutes les autres, à la remise qui résultera des enchères.

Seront exempts de toute remise les cercueils ordinaires confectionnés en volige et les objets compris dans la 3ᵉ partie du tarif, relative aux frais de transport des corps hors de la ville de Paris.

Les fabriques n'auront droit à aucune remise sur les fournitures faites pour les obsèques dont la célébration, aux frais du Trésor public, aurait été ordonnée par un décret de l'Empereur ; ces fournitures seront payées à l'entreprise, déduction faite du taux de la remise.

ART. 37.

Sont également exceptés de toute remise les objets fournis par l'entrepreneur pour tous les convois et services des personnes décédées hors de Paris, lorsque lesdits convois partiront de l'extérieur et traverseront la ville sans s'y arrêter; mais si les corps sont présentés à une église ou à un temple, ou préalablement déposés dans une maison de cette ville, la remise sera due pour les objets fournis soit à l'église, soit au temple, soit à la maison où le corps sera conduit.

ART. 38.

L'entrepreneur ne pourra, dans aucun cas, fournir, pour le service des pompes funèbres et des cérémonies qui s'y rattachent, que les objets compris et énoncés dans le tarif des classes, dans le tarif supplémentaire et dans le tarif des services anniversaires.

En conséquence, et hors le cas d'une autorisation spéciale et par écrit du préfet de la Seine, il lui est fait défense la plus expresse d'introduire et d'employer, pendant la durée de son bail, sous quelque forme et quelque dénomination que ce soit, aucun autre objet que ceux qui sont énoncés dans lesdits tarifs, ainsi que de porter le nombre de ceux-ci au delà de celui qui est déterminé aux tarifs. Cette défense est faite sous peine de payer immédiatement aux fabriques et consistoires, à titre de dommages-intérêts, le montant intégral des fournitures faites en contravention au présent article. L'autorisation du préfet de la Seine ne pourra être donnée que pour les cas particuliers, et sur la demande écrite des familles. Les objets dont l'emploi sera ainsi autorisé ne devront jamais figurer, d'une manière permanente, sur les feuilles de commande.

Dans le cas, prévu ci-dessus, d'une autorisation délivrée par le préfet d'employer des objets non compris dans les tarifs ci-annexés, les noùveaux objets seront tarifés par le préfet, et assujettis à la remise fixée par l'enchère.

ART. 39.

Sauf les prélèvements à opérer en faveur du fonds commun, les remises seront dues à chaque fabrique ou consistoire, pour toutes les inhumations des personnes domiciliées dans sa circonscription, et qui auront été présentées à l'église ou au temple, en raison du culte que professait la personne décédée.

Les remises dues pour les convois des personnes qui, sans appartenir au cnlte protestant ou au culte israëlite, n'auront pas été, pour quelque cause que ce soit, présentées à l'église, seront versées en totalité au fonds commun catholique.

Les rèmises dues pour les personnes appartenant aux cultes protestants non reconnus par l'État seront attribuées aux consistoires protestants.

Les remises résultant des fournitures faites pour l'exhumation et la réinhumation des corps, dans le cas prévu par le 4e paragraphe de l'article 36, seront versées au fonds commun pour les catholiques, et aux consistoires respectifs pour les personnes appartenaut aux autres cultes.

La portion des remises afférente à chaque fabrique ou consistoire, d'après le tableau arrêté dans la forme déterminée par le décret du 18 août 1811, sera versée par l'entrepreneur, au commencement de chaque mois, entre les mains du trésorier de la fabrique ou du consistoire, pour toutes les inhumations faites dans le cours du mois précédent.

Le prélèvement sur les remises formant le fonds commun continuera à être versé, par l'entrepreneur, entre les mains du trésorier de la fabrique de la cathédrale.

12

La portion des remises affectées au fonds commun sera portée séparément par l'entrepreneur et divisée en deux articles distincts, l'un indiquant la remise produite par la mise en fonds commun proprement dite, et l'autre formé des perceptions pour convois non présentés, exhumations et réinhumations, ainsi qu'il est dit ci-dessus.

Les duplicata des commandes faites pour ces dernières fournitures seront adressés au trésorier de la fabrique de la cathédrale, chargé d'arrêter la répartition de la remise.

ART. 40.

L'inspecteur des pompes funèbres surveillera la rédaction et l'envoi, tant des duplicata des commandes mentionnées à l'article 35, que des bordereaux sur lesquels s'établit la remise ; il veillera également à ce que les versements du montant de cette remise soient faits régulièrement ; et, à défaut d'exactitude de la part de l'entrepreneur, l'inspecteur en fera rapport au préfet, pour être statué ce qu'il appartiendra.

ART. 41.

Le recouvrement du montant des mémoires de fournitures sera entièrement aux frais de l'entrepreneur, pour son compte et à ses risques et périls ; en sorte qu'il ne pourra, sous prétexte de retard, ou même de défaut de recouvrement des sommes qui lui seraient dues, suspendre le payement de la remise aux fabriques et consistoires, ni en demander la réduction.

ART. 42.

A mesure de la réception des copies de feuilles d'ordre, dont le dépôt est ordonné par l'article 85, le maire fera procéder à leur vérification, soit quant à l'exactitude des déclarations, soit quant à la conformité des prix avec ceux du tarif. A cet effet, l'entrepreneur sera obligé de représenter au maire ou à ses délégués, à toute réquisition, les livres et registres de son entreprise, tenus dans les formes légales et usitées dans le commerce.

Art. 43.

L'entrepreneur sera tenu envers les trésoriers et délégués des fabriques et des consistoires, ainsi qu'envers l'inspection des pompes funèbres, aux justifications prescrites par l'article 42 à l'égard des maires.

Art. 44.

Le montant de toute feuille d'ordre dont le duplicata n'aurait pas été déposé à l'église ou au temple, au secrétariat de la mairie et au bureau de la fabrique ou du consistoire, conformément aux dispositions de l'article 35 du présent cahier des charges, ou qui n'aurait pas été déclaré pour son montant réel, appartiendra en totalité à la fabrique ou au consistoire intéressé. Il en sera de même si l'entrepreneur n'a point dressé de feuille de commande; dans ce cas, le montant de ladite commande sera fixé au chiffre maximum de la classe dont il aura été fait usage.

En cas de récidive, l'adjudicataire sera passible de déchéance, conformément au dernier paragraphe de l'article 70.

Art. 45.

Les mémoires étant vérifiés seront aussitôt inscrits par indication sommaire, et séparément, pour le compte particulier de chaque fabrique ou consistoire, sur un registre spécial fourni par l'entrepreneur ; ce registre, tenu au secrétariat de la mairie, sera divisé en autant de parties qu'il y aura de fabriques ou de consistoires ayant droit au produit des inhumations de l'arrondissement.

Le montant de la remise revenant à chaque fabrique ou consistoire sera tiré hors ligne dans une des colonnes dudit registre.

CHAPITRE III.

ENGAGEMENTS DE L'ADMINISTRATION ENVERS L'ENTREPRENEUR.

Art. 46.

Il sera alloué à l'entrepreneur, par l'admiuistration municipale, une somme de 5 fr. pour l'inhumation de chaque personne décédée à domicile, et de chacune de celles décédées dans les hôpitaux ou hospices civils ou militaires, ou dans l'hôtel des Invalides, dont l'inhumation aura lieu par ses soins, sur la demande des familles, et conformément aux ordres des maires, ainsi que le prescrit l'article 2.

Art. 47.

Les sommes dues à l'entrepreneur à la fin de chaque mois, en exécution de l'article précédent, lui seront payées à la caisse municipale, sur les mandats du préfet, dans le cours du mois suivant.

Ces mandats ne pourront être délivrés à l'entrepreneur qu'après qu'il aura été justifié, par un certificat de MM. les maires, du payement fait par lui des remises aux fabriques ou consistoires y ayant droit.

Il y aura de même obstacle à la délivrance des mandats du préfet, dans le cas où l'entrepreneur aurait négligé ou omis de comprendre, dans l'état mensuel des remises, celle afférente à un ou plusieurs convois.

ART. 48.

Le préfet, au nom des familles et consistoires, transmet avec garantie à l'entrepreneur le droit, résultant des décrets des 23 prairial an XII et 18 août 1811, de faire, dans la ville de Paris et dans les cimetières en dépendant, à l'exclusion de tous autres, les fournitures du service extraordinaire des inhumations et réinhumations, indiquées dans les tableaux de toutes les classes, dans les tarifs supplémentaires, et dans les tarifs des services anniversaires annexés au décret qui les approuve.

ART. 49.

Dans le cas où des tiers s'ingéreraient d'exploiter ou de faire exploiter quelque partie que ce soit de son service, l'entrepreneur sera tenu de faire constater les contraventions par des procès-verbaux en bonne forme, et d'en donner connaissance au préfet.

Il devra pareillement exercer contre les contrevenants des poursuites dans lesquelles le préfet, au nom des fabriques et consistoires, interviendra s'il le juge convenable.

ART. 50.

Néanmoins, si, par l'effet des jugements qui seraient rendus sur les contestations de cette nature, l'entrepreneur n'était pas maintenu dans le droit exclusif de fournir quelques-uns des objets désignés aux tarifs, il ne pourra exciper de ces jugements pour demander, soit l'exemption, soit la modération des remises à faire sur ces mêmes objets, lorsqu'ils auront été fournis par lui.

CHAPITRE IV.

DURÉE DE L'ENTREPRISE ET GARANTIE DE L'EXÉCUTION.

ART. 54.

L'entreprise à adjuger, du service général des inhumations dans la ville de Paris, aura une durée de onze ans, à partir du 1er janvier 1860.

Les conditions prescrites par les articles 55 et 59 du présent cahier des charges devront être remplies un mois avant la prise de possession, faute de quoi l'adjudicataire sera déchu de plein droit ; et il sera procédé, à ses risques et périls, à une nouvelle adjudication sur folle enchère.

En cas de retard ou de folle enchère, l'adjudicataire en retard sera tenu de garantir et indemniser les fabriques et consistoires de toutes pertes et dommages résultant, soit de la continuation du service par l'entrepreneur actuel, soit de la différence en moins qui pourrait exister entre l'adjudication devenue nulle par folle enchère et l'adjudication définitive, sans qu'il puisse jamais pourtant profiter de la différence en plus.

A l'expiration de son bail, l'adjudicataire sera tenu, à la réquisition du préfet, de continuer son service aux mêmes conditions pendant un temps qui ne pourra excéder trois mois ; cette réquisition devra lui être notifiée un mois d'avance.

ART. 52.

Si des considérations administratives, de quelque nature quelce soit, demandaient que le bail de onze ans stipulé en l'article qui précède fut interrompu à une époque quelconque de son cours, sa résiliation pourra être opérée par un acte administratif approuvé par un décret.

Dans ce cas, l'entrepreneur aurait droit à une indemnité qui serait réglée par le conseil de préfecture, sauf recours au conseil d'État.

Si une translation des cimetières de Paris avait pour effet de modifier notablement, quant aux parcours, les conditions de l'exploitation, l'entrepreneur aura la faculté de réclamer la résiliation de son marché ; mais ce, sans indemnité.

ART. 53.

L'adjudicataire devra exploiter l'entreprise en son nom ; il ne pourra la céder, en tout ni en partie, sans le consentement exprès de l'administration, et il lui est interdit de la mettre en société par actions ; le tout sous peine de déchéance, conformément au dernier paragraphe de l'article 70.

ART. 54.

Il lui est également interdit de s'intéresser ou de s'immiscer, soit directement, soit indirectement, dans aucun commerce ou entreprise, de quelque nature que ce soit, relatif aux décès, embaumements, sépultures ou monuments funèbres, notamment de livrer à des tiers, moyennant argent ou même gratuitement, les listes de décès mises à sa disposition pour l'exécution d'un service public, ou de distribuer et faire des prospectus, adresses ou annonces concernant les mêmes objets.

Cette interdiction s'étend généralement à tous les agents de l'entreprise, à peine de révocation immédiate par le préfet, et sans préjudice de la déchéance encourue par l'entrepreneur.

Art. 55.

Avant son entrée en jouissance, l'adjudicataire sera tenu de reprendre de l'entreprenenr actuel, au prix de l'estimation qui en sera faite par des experts, sur inventaire dressé en présence de l'inspecteur des pompes funèbres, tont le matériel de l'entreprise actuelle.

Ces experts seront nommés amiablement entre l'adjudicataire et l'entrepreneur sortant; et à défaut par les parties de s'entendre à ce sujet, soit pour la nomination des experts, soit pour celle du tiers expert, la nomination sera faite par le conseil de préfecture, ainsi que le tout est prévu aux articles 53 et 55 du cahier des charges qui régit le bail courant.

Les frais d'expertise seront supportés par moitié entre le dernier et le nouvel adjudicataire.

Le matériel formant un supplément au cautionnement de l'entreprise, il devra être procédé à son estimation, lors même que l'adjudication serait prononcée au profit de l'entrepreneur actuel.

Dans ce dernier cas, les experts seront nommés amiablement entre le préfet et l'adjudicataire, ou, à défaut, par le conseil de préfecture, et l'adjudicataire supportera seul les frais de l'expertise.

L'adjudicataire devra également reprendre, à dire d'experts, comme le matériel, les appareils destinés à la pose des tentures sans emploi de clous ni d'échelles, qui se trouveront confectionnés au jour de l'adjudication, ainsi que les constructions, hangars et autres appropriations nécessaires aux besoins du service, et faites par l'entrepreneur actuel dans les loçaux affectés à l'exploitation de l'entreprise.

Art. 56.

Lors de sa sortie, l'entrepreneur sera tenu pareillement de laisser, soit à son successeur, soit à l'administration, qui seront obligés de le reprendre sur estimation, tout le matériel de l'entreprise, tel qu'il se trouvera ; et dans ce matériel, seront compris de droit les objets spécifiés au dernier paragraphe de l'article précédent.

L'estimation sera faite par trois experts, dont un nommé par l'entrepreneur sortant, l'autre, suivant le cas, par l'entrepreneur entrant, ou par le préfet, et le troisième par le conseil de préfecture.

Ces experts opéreront ensemble ; l'avis de la majorité prévaudra.

Art. 57.

Il est interdit à l'adjudicataire d'employer aucune partie du mobilier de l'entreprise à l'exploitation du service des inhumations d'une autre commune que celle de Paris ; néanmoins, il pourra en faire usage pour un service accidentel hors de cette ville, avec l'autorisation du préfet.

Art. 58.

En raison de l'obligation imposée à l'adjudicataire par l'article 55, de laisser à sa sortie tout le matériel de l'entreprise, et attendu, d'ailleurs, que ce matériel est destiné à un service public qui ne peut être interrompu, aucune partie dudit matériel ne pourra être distraite de l'exploitation pendant la durée du bail, ni lors de son expiration, sauf toutefois les objets susceptibles d'être mis hors de service, et qui devront être immédiatement remplacés.

Ce matériel demeurera affecté, comme gage spécial, pendant toute la durée du bail, à la garantie de l'exécution des clauses du présent cahier des charges. En conséquence, l'adjudicataire sera tenu de remettre au secrétariat de la préfecture :

1° Avant d'entrer en possession, une copie certifiée de l'inventaire estimatif qui aura été dressé eu exécution de l'article 55.

2° Dans le cours de son bail, et successivement, des copies certifiées de tous les inventaires qui seront dressés conformément aux dispositions de l'article 30.

L'adjudicataire sera pareillement tenu de faire assurer, à ses frais, le matériel de l'entreprise contre l'incendie, par une compagnie qui sera agréée par l'administration ; et, en cas de sinistre, l'indemnité qui lui sera allouée sera employée au remplacement du matériel.

A défaut d'exécution par l'entrepreneur des obligations qui lui sont imposées par le présent article, comme de celles qui font l'objet des articles 16, 19, 20, 21, 29, 30, 40, 41 et 47, et vingt-quatre heures après une mise en demeure restée infructueuse, l'administration pourra, si elle le juge convenable, pourvoir d'office à cette exécution, aux frais, risques et périls dudit entrepreneur, et elle assurera les payements qui en seraient la conséquence, au moyen notamment d'un prélèvement sur les sommes allouées à l'adjudicataire par l'article 46; le tout sans préjudice de l'application dés autres dispositions du cahier des charges, et notamment de celles de l'article 70.

ART. 59.

Indépendamment du gage réservé par l'article qui précède, l'adjudicataire devra déposer à la caisse des consignations, un mois avant sa prise de possession, et à titre de cautionnement de la bonne et fidèle exécution des conditions de son adjudication, un cautionnement de 150,000 fr., soit en numéraire, soit en rentes sur l'État, calculées au pair. Selon que le cautionnement sera constitué en rentes sur l'État ou en espèces, les arrérages de ces rentes ou les intérêts de la somme déposée seront perçus par l'adjudicataire.

Art. 60.

Toute contestation relative à l'interprétation du bail sera jugée administrativement, comme s'appliquant à une entreprise de travaux publics; et, en attendant la décision à porter, l'administration sera autorisée à prendre, aux frais de qui il appartiendra, les mesures nécessaires pour que le service n'éprouve aucune interruption.

CHAPITRE V.

DES FORMES DE L'ADJUDICATION.

Art. 61.

L'annonce de l'adjudication sera rendue publique par affiche et insertions dans les journaux.

Art. 62.

Les personnes qui désireront concourir à l'adjudication devront, avant le 26 novembre prochain, à quatre heures du soir, adresser au préfet une déclaration écrite, portant qu'elle désirent concourir à l'adjudication. Cette déclaration contiendra leurs nom, prénoms, profession et demeure; et, s'il s'agit d'une société, les nom, prénoms et demeure de chacun des associés. Elles y joindront les pièces et certificats qu'elles jugeront convenable de produire, pour faire connaître leur position personnelle et leur solvabilité, et notamment les extraits certifiés de leurs contributions directes, ainsi que l'engagement de réaliser le dépôt provisoire qu'elles devront faire ès mains du receveur municipal.

Ces pièces, parafées par les dépositaires, seront désignées dans un bordereau en double expédition, dont une sera remise par le secrétaire général de la préfecture à la partie intéressée, avec un récépissé des pièces déposées, lesquelles lui seront rendues après l'adjudication, sur la présentation du récépissé.

Art. 63.

Le préfet, en conseil de préfecture, examinera toutes les pièces produites, et, d'après les renseignements recueillis sur les garanties offertes par les concurrents, il prononcera leur admission ou leur rejet ; cette décision n'énoncera aucun motif et sera sans recours.

Art. 64.

Les personnes qui seront admises à soumissionner en recevront l'avis à domicile deux jours au moins avant celui qui sera fixé pour l'adjudication.

Art. 65.

Ces personnes devront, la veille au plus tard de cette adjudication verser à la caisse municipale, à titre de dépôt provisoire, une somme de 100,000 fr., soit en numéraire, soit en rentes sur l'État calculées au pair, laquelle, en cas d'adjudication, sera remboursée à l'adjudicataire aussitôt après la justification du versement du cautionnement prescrit par l'article 59.

Art. 66.

L'adjudication sera faite par le préfet, en conseil de préfecture :
deux commissaires des fabriques, désignés par M. l'archevêque de
Paris, et un commissaire des consistoires y seront appelés.

Le minimum de la remise à faire par l'entrepreneur aux fabriques
et consistoires, sera fixé par le préfet et énoncé dans un paquet
cacheté qui sera déposé sur le bureau à l'ouverture de la séance
d'adjudication.

Les soumissions seront remises cachetées par les soumissionnaires ; elles seront numérotées et rangées sur le bureau, pour
être publiquement ouvertes et sans déplacement, le tout, séance
tenante.

Les soumissions, une fois déposées, ne pourront être retirées.

La réception des soumissions étant terminée, le préfet procédera
à leur ouverture et à leur lecture par ordre de numéro.

Art. 67.

Toute soumission, pour être valable, devra être entièrement conforme au modèle A joint au cahier des charges, et avoir été précédée
du dépôt de garantie exigé par l'article 65.

Le soumissionnaire justifiera de ce dépôt par la production d'un
récépissé de la caisse municipale, conforme au modèle B également
ci-joint, et qui devra être annexé à la soumission.

Le préfet, en conseil de préfecture, prononcera sur la validité des
soumissions. Celles qui ne seraient pas entièrement conformes au
modèle ci-dessus indiqué, ou qui contiendraient des propositions
tendant à modifier les clauses du cahier des charges, seront
rejetées.

Art. 68.

Les soumissions devront contenir l'offre de payer une remise générale de tant pour cent sur le produit de toutes les fournitures, suivant les tarifs annexés au présent cahier des charges.

L'adjudication sera prononcée au profit du soumissionnaire qui aura proposé, par une soumission régulière, la remise la plus élevée au-dessus du minimum fixé, conformément à l'article 66.

Si l'offre la plus élevée était faite par plusieurs soumissionnaires, une mise aux enchères, à l'extinction des feux, aura lieu entre eux seulement, et le préfet prononcera, séance tenante, l'adjudication au profit du dernier enchérisseur.

L'adjudication sera soumise à l'approbation du ministre de l'intérieur, et ne sera valable et définitive qu'après cette approbation.

Si aucune soumission valable n'avait atteint le minimum fixé par le préfet, l'adjudication serait remise à un autre jour. Dans aucun cas le minimum ne sera rendu public.

Art. 69.

Les dépôts, pour garantie de soumissions non acceptées, seront rendus à leurs propriétaires sur la présentation d'un certificat délivré par le secrétaire général de la préfecture.

Art. 70.

Si, par suite de faillite ou de décès de l'adjudicataire, ou pour toute autre cause, il survenait la moindre interruption dans le service de l'entreprise, il y serait pourvu par l'administration, aux risques et périls de l'adjudicataire.

En conséquence, le préfet, agissant au nom des fabriques et consistoires, prendrait provisoirement et immédiatement possession du matériel et du service, nonobstant toutes oppositions, et sans qu'il puisse être apposé aucun scellé sur les objets nécessaires audit service.

Il serait alors procédé, par un expert, nommé à cet effet par le préfet, au récolement du matériel compris dans le dernier inventaire descriptif et des objets qui auraient pu y être ajoutés depuis.

Dans le cas où les héritiers, représentants ou ayants-droit de l'adjudicataire ne se seraient pas, dans un délai de deux mois, mis en mesure d'assurer un service régulier par le choix d'un gérant ou d'un administrateur agréé par le préfet, la déchéance sera encourue de plein droit et prononcée par le conseil de préfecture, sauf recours au conseil d'Etat, sans préjudice de tous dommages-intérêts.

Dans le cas aussi où l'adjudicataire gérerait commercialement pour le compte d'une société, et, où, par suite d'un jugement devenu définitif, il se trouverait privé de cette gérance, les associés seront tenus, ainsi qu'il est dit plus haut, et sous la même sanction, de présenter à l'agrément du préfet un autre gérant ou administrateur, qui sera chargé de l'entreprise.

La déchéance prévue, comme il a été dit, sera de même encourue et prononcée si l'adjudicataire ne remplit pas exactement tous et chacun des engagements qui lui sont imposés par le présent cahier des charges.

Art. 71.

En cas de déchéance, pour quelque cause que ce soit, le préfet, au nom des fabriques et consistoires, entrera, sans aucun délai, en jouissance et possession de l'entreprise.

Immédiatement après cette prise de possession, le préfet fera procéder, dans les formes ci-dessus déterminées, à la réadjudication de l'entreprise pour le temps que le bail aurait encore à courir. Les clauses et conditions seront les mêmes que celles énoncées dans le présent cahier des charges.

Si, par le fait de la nouvelle adjudication, le taux de la remise venait à être réduit, le montant de la perte qui en résulterait pour les fabriques et consistoires sera prélevé jusqu'à due concurrence sur le cautionnement et sur le prix du matériel. Mais, dans le cas où cette réadjudication élèverait la remise à un taux supérieur à celui de l'adjudication primitive, l'adjudicataire ne pourra profiter en rien de cette augmentation, dont le bénéfice est réservé en totalité aux fabriques et consistoires.

ART. 72.

Sont à la charge de l'adjudicataire :

1° L'indemnité de résiliation à laquelle sera reconnu avoir droit l'entrepreneur sortant, en vertu de l'article 52 de son cahier des charges et du décret du   1859 ; ladite indemnité telle qu'elle aura été fixée par le conseil de préfecture, ou par le conseil d'État, en cas de recours ;

2° Les frais de timbre et d'enregistrement auxquels pourra donner lieu l'adjudication ;

3ⁿ Les frais d'impression, de dessins, de modèles, d'annonces et affiches auxquels l'adjudication pourra donner lieu.

Ces derniers frais seront payés sur état, et leur montant ne pourra, dans aucun cas, excéder la somme qui sera indiquée par le préfet avant l'adjudication.

Vu et proposé les tarifs et cahiers des charges ci-dessus, conformément à notre lettre en date de ce jour.

Paris, le 30 septembre 1859.

Le Sénateur, Préfet de la Seine,
Signé G.-E. HAUSSMANN.

Ce projet de cahier des charges a été délibéré et adopté par le Conseil d'État, dans ses séances des 27 octobre et 2 novembre 1859.

Signé à la minute :

Le Conseiller d'État, rapporteur,
J. LANGLOIS.

Le président du Conseil d'État,
J. BAROCHE.

Le Conseiller d'État, Secrétaire général du Conseil d'État,
F. BOILAY,

Certifié conforme :

Le Conseiller d'État, Secrétaire général du Conseil d'État,
F. BOILAY.

Vu pour être annexé au décret du 4 novembre 1859, enregistré sous le n° 2482.

Le Ministre de l'Intérieur,
Signé BILLAULT.

Pour copie conforme :

Le Conseiller d'État, Secrétaire général,
Signé J. CORNUAU.

Pour copie :

Le Secrétaire général de la préfecture,
Signé Ch. MERRUAU.

2ᵉ DIVISION.

—

4ᵉ Bureau.

PRÉFECTURE DE POLICE

—

ORDONNANCE

CONCERNANT LES EXHUMATIONS, LES RÉINHUMATIONS ET LES TRANSPORTS

DE CORPS.

Paris, 3 novembre 1852.

NOUS, PRÉFET DE POLICE,

Considérant que les exhumations et les réinhumations, ainsi que les transports de corps hors des communes où les décès ont eu lieu réclament une surveillance sévère dans l'intérêt de la salubrité publique, du bon ordre et de l'exécution des lois et règlements sur les inhumations;

Vu : 1° les arrêtés et décisions qui régissent déjà cette partie du service, notamment l'arrêté du 27 mai 1850 concernant les exhumations;

2° La loi des 16-24 août 1790;

3° Les arrêtés du gouvernement du 12 messidor an VIII et du 3 brumaire an IX;

4° Le décret du 23 prairial an XII sur les sépultures, et l'ordonnance de police du 14 messidor suivant,

Ordonnons ce qui suit :

Article premier.

Il est expressément défendu de procéder, sans notre autorisation, à aucune exhumation ou réinhumation dans l'un des cimetières de Paris ou des communes du ressort de notre préfecture.

Les droits d'exhumation continueront à être perçus suivant les tarifs arrêtés par l'autorité compétente.

Art. 2.

Il est également défendu de procéder sans notre autorisation :

1° A l'inhumation d'un corps apporté des départements ou de l'étranger ;

2° A tout transport de corps d'une commune dans le cimetière d'une autre commune ;

3° A tout dépôt de corps, soit dans une église, soit dans une localité particulière.

Art. 3.

Lorsqu'un corps devra être transporté hors du ressort de la préfecture de police, on se pourvoira de l'autorisation de M. le ministre de la police générale, et, en outre, de notre permission pour l'enlèvement du corps. On devra préalablement justifier de l'accomplissement des formalités de l'état civil.

Art. 4.

Si le transport a lieu, soit par les chemins de fer, soit par les diligences ou autres voitures publiques, on devra, au moment de la remise du corps, justifier au directeur de l'établissement des autorisations dont il est parlé dans les précédents articles.

Faute de cette justification, les directeurs des établissements dont il s'agit devront, sous leur responsabilité personnelle, prévenir immédiatement le commissaire de police, qui, après avoir constaté le fait par un procès-verbal circonstancié, fera, s'il y a lieu, transporter le corps au cimetière le plus voisin.

Art. 5.

Toute demande en autorisation de l'une des opérations qui font l'objet de la présente ordonnance, devra, sauf les cas exceptionnels dont nous nous réservons l'appréciation, être faite par le plus proche parent du défunt ou par un fondé de pouvoirs, et être légalisée par le maire ou par le commissaire de police, auquel on justifiera de la qualité en vertu de laquelle est faite la demande.

S'il s'agit de transport et d'inhumation dans les cas prévus par l'article 2 de la présente ordonnance, la demande devra être visée par le maire de la commune où l'inhumation doit avoir lieu; elle devra, en outre, excepté dans les cas d'exhumation, être accompagnée d'un certificat constatant que les formalités de l'état civil ont été remplies.

En ce qui concerne les cimetières de Paris, les pétitionnaires devront justifier d'un titre de concession délivré par M. le préfet de la Seine.

Art. 6.

Les autorisations délivrées en exécution des dispositions qui précèdent détermineront les conditions et obligations imposées aux familles pour chacune des opérations auxquelles elles voudront faire procéder.

Ces autorisations ne préjugent rien, du reste, en ce qui concerne le service des pompes funèbres. Les demandes et réclamations que les familles auraient à faire, à cet égard, devront être adressées à M. le préfet de la Seine.

Art. 7.

Conformément aux dispositions de l'arrêté précité du 27 mai 1850, les commissaires de police des sections Saint-Georges, Popincourt et du Luxembourg, feront au moins une fois par semaine la visite des cimetières du Nord, de l'Est et du Sud, à l'effet de nous faire connaître si les lois et règlements concernant les inhumations et les exhumations sont observés, et de nous soumettre les observations qui leur paraîtraient utiles dans l'intérêt du bon ordre et de la salubrité.

Ils se feront représenter, en outre, les registres sur lesquels les conservateurs devront constater les exhumations et réinhumations ; ils nous rendront compte du résultat de cet examen.

Art. 8.

La présente ordonnance n'est pas applicable aux opérations prescrites par autorité de justice.

Art. 9.

Les contraventions aux dispositions qui précèdent seront constatées par des procès-verbaux ou rapports pour être déférées aux tribunaux compétents, sans préjudice des mesures administratives auxquelles elles pourraient donner lieu.

Art. 10.

La présente ordonnance sera imprimée et affichée.

Les maires de Paris, les sous-préfets des arrondissements de Sceaux et de Saint-Denis, les maires et les commissaires de police des communes du ressort de la préfecture de police, le chef de la police municipale, les commissaires de police de Paris, et spécialement ceux des sections Saint-Georges, Popincourt et du Luxembourg, les officiers de paix, l'inspecteur et les conservateurs des cimetières sont chargés, chacun en ce qui le concerne, de l'exécution de la présente ordonnance.

Ampliation en sera adressée à M. le préfet de la Seine.

Le Préfet de police,
PIETRI.

Par le Préfet :

Le Secrétaire général de la Préfecture de police
H. Collet-Meygret.

—

ORDONNANCE

CONCERNANT LES CONVOIS FUNÈBRES

Paris, le 4 février 1853.

Nous, Préfet de police,

Vu : 1° le décret du 23 prairial an XII, sur les sépultures :

2° Les ordonnances de police du 13 avril 1827, du 1er février 1835 et du 10 février 1848 ;

3° La loi des 16-24 août 1790 et l'arrêté du Gouvernement du 12 messidor an VIII ;

4° Diverses lettres de M. le préfet de la Seine, notamment celles des 3 juillet 1851 et 29 avril 1852 ;

Considérant que la marche des convois est journellement interrompue ou arrêtée par les cochers, charretiers ou autres conducteurs de voitures ; qu'il en résulte des rixes et des désordres, et que nous avons reçu à cet égard de vives et nombreuses réclamations ;

Considérant, en outre, que les abords des mairies sont gênés par la présence de courtiers ou commis attachés aux divers commerces concernant les sépultures ; que ces individus s'entendent pour guetter et suivre à tour de rôle les personnes venues à la mairie pour des déclarations de décès, ou qui assistent aux convois ; qu'ils les abordent, les arrêtent ou les poursuivent avec opiniâtreté pour leur faire des offres de service ;

Que ces mêmes abus existent aux abords et dans l'intérieur des églises et des cimetières ;

Que cet état de choses nuit à la circulation, occasionne des discussions et des disputes fréquentes entre les concurrents, trouble la tranquillité publique et entrave la liberté et le repos des familles.

Ordonnons ce qui suit :

ARTICLE PREMIER.

Il est expressément défendu à tous cochers, charretiers et autres conducteurs de voitures, diligences, charrettes, de quelque genre qu'elles puissent être, d'arrêter les convois funèbres, de les interrompre ou de les séparer dans leur marche.

ART. 2.

Il est défendu aux marbriers, à leurs commis ou courtiers et à tous autres individus attachés aux divers commerces concernant les sépultures, de stationner aux abords des mairies, de suivre et d'arrêter sur la voix publique, dans le but de faire des offres de service, les personnes venues à la mairie pour des déclarations de décès.

Il est défendu également d'aborder, dans le même but, notammen aux approches ou dans l'intérieur des églises et des cimetières, les personnes qui assistent aux convois.

ART. 3.

Les contraventions aux dispositions de la présente ordonnance seront déférées aux tribunaux compétents, sans préjudice des mesures administratives auxquelles elles pourront donner lieu.

Art. 4.

L'ordonnance de police du 10 février 1848 est rapportée.

Art. 5.

La présente ordonnance sera imprimée et affichée.

Les maires de Paris, le chef de la police municipale, les commissaires de police, l'inspecteur-contrôleur de la fourrière, les officiers de paix et les préposés de la préfecture de police, l'inspecteur et les conservateurs des cimetières sont chargés de tenir la main à son exécution, chacun en ce qui le concerne.

Ampliation en sera adressée à M. le préfet de la Seine.

Le Préfet de police,

PIETRI.

Par le Préfet :

Le Secrétaire général,

H. COLLET-MEYGRET.

TABLE DES MATIÈRES

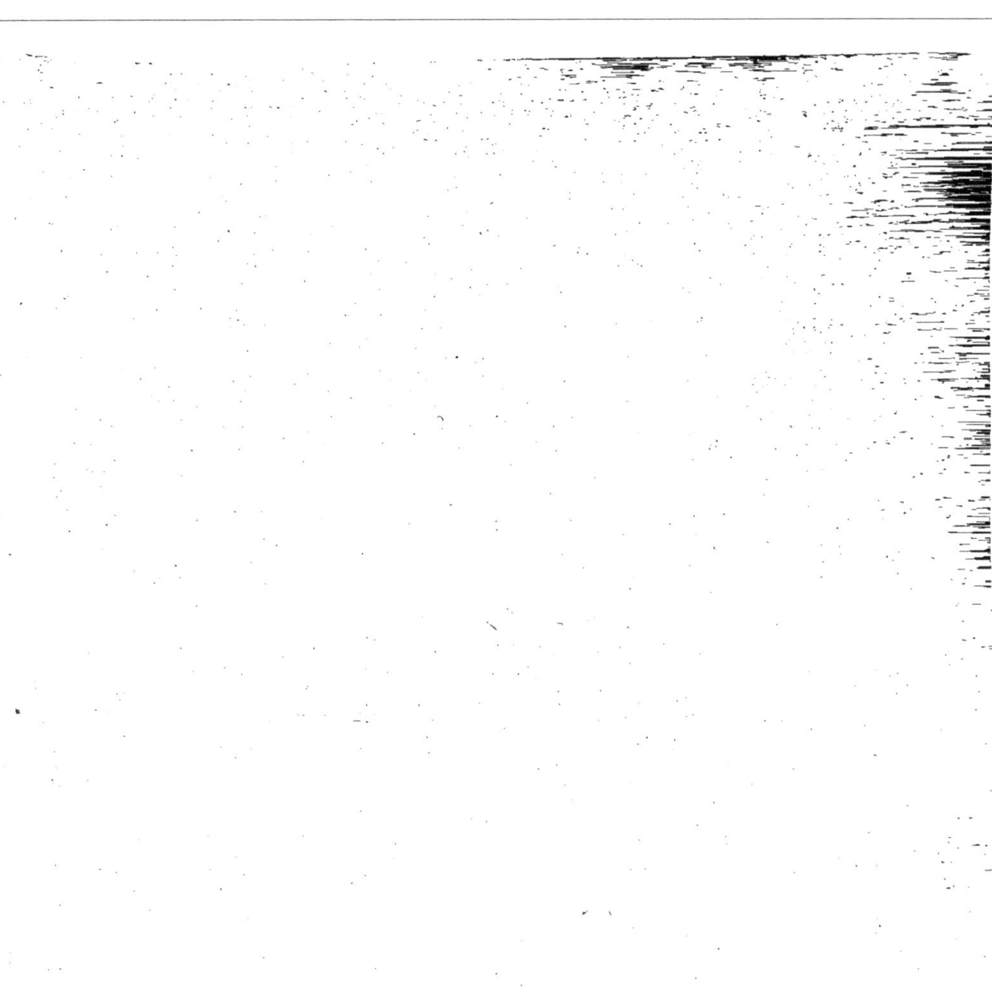